SV

Band 1513 der Bibliothek Suhrkamp

Fabjan Hafner
Erste und letzte Gedichte
1982-2016

Slowenisch und deutsch
Herausgegeben, übertragen und
mit einem Vorwort versehen
von Peter Handke

Mit einem Nachwort
von Dominik Srienc und
einem Gedicht von Gustav Januš

Suhrkamp Verlag

Erste Auflage 2020

Satz: Satz-Offizin Hümmer GmbH, Waldbüttelbrunn
Druck: Druckhaus Nomos, Sinzheim
Printed in Germany
ISBN 978-3-518-22513-0

Erste und letzte Gedichte

Peter Handke

Statt eines Vorworts
Die Einzahl und die Zweizahl

Ein eher noch unerforschtes Phänomen (oder vielleicht doch schon erforscht, etwa am »Department of Psychology« der Universität von Fairbanks, Alaska): daß gewisse Heranwachsende, oder »Pubertierende«, oder wie auch immer die Bezeichnungen für jene das Phänomen bildenden jungen Leute lauten, eine Zeitlang mit Zungen reden. Ein Zungenreden ist die Sprache dieser Jugendlichen in dem fraglichen Zeitraum beileibe nicht ständig. Und sie praktizieren es zudem nie absichtlich. Es geschieht. Es geschieht ihnen. Es stößt ihnen, von Zeit zu Zeit, zu. Es fliegt sie an und wird zugleich in und aus ihnen laut, kurz, für ein, zwei Sätze, manchmal auch für ein, zwei Strophen, die im Nu wieder verweht sind, das allerdings in einer gewissen Regelmäßigkeit, als Folge, Tag für Tag, und so weiter – bei den von solch bildhaftem wie rhythmischem Stammeln befallenen oder damit bescherten Halbkindern über Monate oder gar Jahre.

Und immer wieder ist es geschehen, geschieht es und wird wohl weiter geschehen, daß derartige sich wiederholende Rhythmen schriftlich festgehalten werden. Ohne Absicht kommt es dazu. Fern ist diesen Jungen auch jeder Vorsatz, etwas wie ein Gedicht, Poeme, »Poesie« zu schreiben. Und schon gar nicht wollen sie mit solch Niederschrift irgendein unter ihresgleichen gerade modisches Dicht(er)spiel mitspielen, geschweige denn mit anderen in Konkurrenz oder Wettstreit treten.

Und doch drängt es diejenigen, das Gebilde, Schrift geworden, sehen und/oder hören zu lassen. Zu lesen geben und zu Gehör bringen wem? Wem auch immer, jedenfalls niemand Bestimmtem, keiner Zielgruppe. Oder vielleicht doch? Nur welcher? – Keine Antwort.

Der Prototyp oder Herold aller der jugendlichen Zungenredner ist Arthur Rimbaud. Zwar ist er, noch lang vor dem sogenannten Mannesalter, verstummt. Doch was aus ihm in die Welt kam an Worten, Bildern, Rhythmen, rhythmischen Bildern oder auch allein an bild- und wortlosen Lauten bleibt Bestand der Welt; trägt zu deren Bestand bei. Und es sei hier dahingestellt, ob das Bleibende der Gedichte Rimbauds, wie es da und dort geheißen hat, herrührt von der »klassischen Bildung« des Jünglings Arthur, genossen in Charleville-Mézières oder sonstwo, dank deren das ursprüngliche Gestammel des Sechzehn- bis Achtzehnjährigen sich ordne zu jahrtausendealten Versmaßen und vielleicht gerade so jenes Ursprüngliche weitertrage.

Im übrigen – ich »gestehe« – war auch ich einmal, obgleich nur ein einziges Mal, gar kurz, ein Mitglied der jugendlichen Zungenrednerschaften. Dazu kam es, als ich etwa vierzehn, höchstens fünfzehn war, Zögling in dem Knabenseminar, wo zukünftige Priester herangezogen werden sollten. Der Anlaß: ein zu schreibender Klassenaufsatz, Thema: »Die Nacht«. Und unversehens, wie ohne mein Zutun, flossen da mitten in den »Nacht«-Aufsatzgedanken Sätze aus der Feder, von denen ich zwei bis heute behalten habe. Der eine: »Schlangen auf Jagd durchstöbern die Stille, alles schläft, es lebt nur der Wille«, und der andere, mag sein gar nicht unmittelbar folgende: »Von weißen Fenstern steigen Dirnen wie Gebete in den Himmel«.

Obwohl das nicht so recht hierhergehört: dieser zweite Satz versetzte, vom zuständigen Lehrer publik gemacht, die gesamte geistliche Führung des Internats in Aufregung, ja – und das bilde ich mir nicht erst jetzt so ein – in Alarmzustand. Die von den weißen

Fenstern zum Himmel steigenden Dirnen, vor der einberufenen Vollversammlung der Zöglinge zitiert und rezitiert, waren etwas zum Himmel Schreiendes, und ich, der verantwortliche Halbwüchsige, welcher, um das Maß voll zu machen, den Satz nicht zu erklären vermochte (im übrigen auch mir selber nicht), wurde vor der Gemeinschaft, wieder und wieder, als ein abschreckendes Beispiel angeprangert für – ich weiß nicht mehr für was –, jedenfalls sehe ich noch heute mich von damals, den es grauste aufzufallen, so oder so, angestrahlt wie von dem grellsten der Scheinwerfer.

Hierher gehört aber: Ich erwartete, obwohl streng verwarnt, in der Folge sehnlich, daß mir noch mehr solcher Sätze wie der öffentlich gebannfluchte unterliefen, viel mehr, womöglich ohne Unterlaß (und das, wohl unnötig zu betonen, nicht wegen der »Dirnen«, von denen ich weder einen Begriff noch ein Bild hatte)!

Doch mit jenen den Fünfzehnjährigen, den Minderjährigen so urplötzlich aus dem schönen Nichts an- und durchfliegenden Worteverknüpfungen war es, was mich betraf, nach dem einen Mal auch schon wieder vorbei. Die Kostbarkeiten, kostbar vielleicht vor allem, indem sie mir unbegreiflich waren, blieben aus; ließen sich durch keinen Vorsatz oder Willen erzwingen. Aus mir war nicht von einem Moment zum anderen ein Dichter, geschweige denn ein Lyriker geworden und würde auch nie einer werden. Solch rhythmisches Zungenreden, sosehr ich mich danach weiterhin sehnte und es mir schmerzlich, körperlich-leibhaftig, fehlte, kam und kam nicht wieder über mich.

Dafür begegnete mir im Laufe der folgenden Jahre, fern vom Internat und dann vor allem im ersten Jahr des kalt befremdenden Universitätsgeschehens, der und jener, welcher das Zungenreden in meiner Gegenwart buchstäblich aus dem Ärmel, aus allen möglichen Ärmeln schüttelte; es aus dem Stehgreif betrieb. Ich war denjenigen das Publikum, und dieses bestand in der Regel allein aus mir. Und was für ein dankbares Publikum ich jeweils war! Wie beneidete ich solch einen Redner, Sprecher, (Ver)künder, mit einem Neid der Bewunderung und der Begeisterung, mitbegeistert mit dem begeisterten, von unbegreiflichem Geist durchwehten erwählten Anderen. Er, der – gar nicht so heimliche – König, und ich der Untertan, im Moment gerade sein Günstling.

Jetzt, bald sechs Jahrzehnte danach, wüßte ich gern, wie es mit den paar an den Fingern einer Hand abzuzählenden, in Rätselrhythmen Redenden weiterging. Von keinem einzigen ist mir seitdem, so oder so, etwas zu Ohren gekommen, weder im Guten noch sonstwie, und schon gar nichts – was ich doch unwillkürlich für die Zukunft von ihnen erwartete – Weltbewegendes, womöglich Weltumwälzendes. Dauerhaft freilich habe ich des einen und des anderen Satz- und Hörbilder vor und in mir, zusätzlich akzentuiert von glühenden Augen und einem ständig wechselnden Stand- und Spielbein, die Sohlen einen Takt schlagend fast wie bei einem Steptanz. Und manchmal kommt mir auch die Vorstellung, eine Geschichte, eine lange, von einem der allesamt – das zumindest weiß ich, glaube ich, zu wissen – frühverstummten Zungenredner niederzuschreiben. Nicht, daß es so einen, à la Rimbaud, in einen fremden Kontinent verschlagen hat, wo er Waffenhändler geworden ist. Oder es hat ihn vielleicht in der Tat, irgendwohin verschlagen, in einen Nachbarort, und dort … und dann … Und jetzt fällt mir ein: Von zweien jener »Frühlinge« weiß ich doch: Der eine schreibt Kriminalromane, ausschließlich kurze Hauptsätze, ohne je einen Nebensatz; der andere, heißt es, wurde Richter am Strafgericht, ein gefürchteter – all seine Strafsprüche »unbedingt«.

Alle die Umwege- und Umwegsätze freilich nur, um euch Leser, euch, die es angeht, spüren zu lassen, daß die Gedichte Fabjan Hafners in diesem Buch (die »ersten«, die sehr frühen des Sechzehnbis etwa Zwanzigjährigen, wie auch die »letzten« aus den vielleicht zwei, drei Jahren vor dem Ausderweltscheiden des knapp Fünfzigjährigen 2016) die geraden Gegenstücke sind zu der Art und zu den Weisen, den hier nur angedeuteten, der Rimbaudschen Bild-, Laut- und Luftschlagzeuger. Und doch, gerade kraft der entschiedenen, mit Händen zu greifenden Gegensätzlichkeit entkräftet keineswegs die eine Weise die andere, vielmehr heben sie sich beide, »sie zwei« (slowenischer Dual, besonders in Fabjans letzten Poesien vordringlich werdende Verbform) einander bekräftigend – bestärkend – in ein jeweils spezielles Licht- und Luftreich.

Die Hafnerschen Gedichte, außer daß die meisten der in diesem Band erstmals versammelten und erstmals nicht vom Verfasser, dem Kärntner österreichischen Slowene eigenhändig übersetzten Gedichte von einem Jugendlichen verfaßt sind, haben rein gar nichts zu schaffen mit denen des Arthur Rimbaud. Und doch ist mir beim Lesen, Tüfteln und Übersetzen der Gebilde vom Fuße der slowenischen Karawanken mehr und mehr der Dichter (und spätere Ladeninhaber in Aden, Arabien) aus den französischen Ardennen in den Sinn gekommen: Seltsam, oder auch nicht. Laßt uns (kurz) sehen:

Kein einziges der Gedichte Fabjan Hafners, die sehr frühen ebensowenig wie die letzten, hat den Dichter, so mein Gefühl beim Nachbuchstabieren, im Sinn des Mediums Rimbaud aus dem Unergründlichen angeflogen, nicht nächtlich und schon gar nicht tagsüber. Die Worte, die Sätze, die Zeilen kommen allein und rein aus dem »Ich, Fabjan« selber, und das schon mit der ersten – zumindest der ersten publizierten – Strophe des Fünfzehn-, Sechzehnjährigen. Keine Spur je von rhythmischem Stammeln oder Zungenreden, und das bis zum wohl letzten Gedicht, in dem der unsichtbare Vater hinter der Zimmerwand gefragt wird, ob der, sooft sein Sohn ein Lied anstimmte, herausgehört hat: Er singt für mich!?

Die Gedichte des Fabjan Hafner haben keinen Rhythmus. Oder vielleicht doch: nicht den des Zungenredens, und erst recht nicht den der neunhundertneunundneunzig altbekannten lyrischen Geläufigkeiten, vielmehr den besonderen, dem Fabjan-Ich eigenen des Stockens. Nicht aus einem Anflug, ob von außen oder von innen, oder aus beidem in einem, werden sie spruchreif, sondern durch ein Nicht-mehr-Weiterwissen, wenn nicht gar plötzliches Weder-ein-noch-aus-Wissen.

Achtung: die von Anfang bis Ende litaneiförmig wiederkehrenden Anrufungen des Dunkels, der Stummheit, der Sprachlosigkeit, der Verlassenheit, des Ekels, der Angst, ja des Grauens sind nicht zu verwechseln mit den gängigen Versatzstücken junger wie alter poetischer Selbstinszenatoren. Auch ich war beim flüchtigen Lesen, einem bloßen »Hineinschauen«, strophenweise versucht, so zu denken – scheinzudenken. Und erst mit dem Entziffern, einem dem Rhythmus des Hafnerschen Stockens entsprechenden, erfuhr ich: Es geht da keinmal um irgendein Lyrikspiel. Diese Gedichte da sind ernst; der Mensch, der sich darin äußert, das Ich, welches da, eher tonlos, spricht, stockend zugleich sich wendend, jetzt an mich, jetzt an dich, ist herzlich-herzöffnend ernst, von Alpha bis Omega jugendlich ernst – kindlich ernst – fabjanhafnerisch ernst.

Und wenn dieser Ich ausnahmsweise einmal »wir« sagt, kommt da kein lyrisches »wir« ins Spiel und, bewahre, kein sängerisches (obwohl Fabjan alle die schönsten Lieder des Erdkreises nach- und vorzusingen wußte), kein »We shall overcome« oder dergleichen: nein, dieses »wir«, auch wenn es sich nicht im Dual, in der Zweizahl äußert, redet (stockend) von »uns zwei«, von mir, von dir – auch wenn das »Du« einmal ein Tier ist, wie in dem Gedicht mit der so zarten Ansprache an eine *krava*, eine Kuh: »Manchmal streifst du mich freilich / mit den Hörnern, damit ich nicht vergesse, / daß du mich nur deshalb nicht aufspießt, / weil du mich lieb hast«. (Geschrieben 1983 oder 1984, vom kaum Sechzehnjährigen)

Ja, eine zarte und stille – aber eben, weil zart, nicht stumme, nicht sprachlose – Angst grundiert die ersten und letzten Gedichte Fabjan Hafners. Angst, Kummer, Not, Ratlosigkeit, Verlassenheit – all dies begleitet von einem unermüdlich sich wendenden, an mich, an dich, Flehen, Flehenston: Hörst du mich? Hör mich! Und zu spüren zusätzlich (und das beileibe nicht als Erklärung und Interpretation): solcher Angst war vorausgegangen eine Lebenszeit, da der, der plötzlich stockt, ein Glückskind war. Und jenes Nicht-mehr-Glückskind-sein wirkt weiter und weiter bis ans Ende.

Solch »Warum nur bin ich kein Glückskind mehr?« macht Fabjan Hafners Dichterberuf aus. Das Überwechseln, siehe zuletzt wieder Rimbaud et alii, in einen anderen Beruf kam nicht in Frage. Menschenfreundliche Angst, menschensuchende, weltoffene: gibt es die? Eine Not, welche das natürliche Freundlichsein nicht auslöscht, vielmehr verstärkt: ein Ding der Möglichkeit? Ja, und dies ist kein Paradoxon, siehe oben, oder unten, oder wo auch immer.

»Das Zittrige, die feine behutsame Angst, die aus den Gedichten spricht« (Hermann Lenz in einem Brief an seine Verlobte Hanne Trautwein zu den Gedichten der Annette von Droste-Hülshoff, am 21. August 1939).

(Vorfrühling 2019)

ERSTE GEDICHTE

(≈1982–≈1987)

otrple postave smo

otrple postave smo
zapuščeni brez pomoči
v tej prazni ravnini

na ustnicah zmrznjene
polizrečene besede

in stare ledene solze
razsejane po obrazu

Starre Figuren sind wir

Starre Figuren sind wir
hilflos zurückgelassen
in dieser leeren Ebene

an den Lippen gefrorene
halbausgesprochene Wörter

und alte vereiste Tränen
verstreut übers Gesicht

živiš nezavestno

živiš nezavestno
potopljen
v samoto
drhteč
od slepega strahu
se braniš
vseh dotikov
ne boš utonil
v dežju

otrpneš
otopiš
večno
boš ostal
na suhem
nikoli ne boš okusil
blage mokrote
umrl boš
ne da bi bil povohal vodo
kadar dežuje
nikoli ne boš okusil
omilitve vode
v žaru dni

tako boš
končno
od žeje umrl
v dežju

Du lebst besinnungslos

Besinnungslos lebst du
stumpf
im Alleinsein
Zitternd
in blindem Grausen
sträubst du dich
gegen jede Berührung
Wirst nicht ertrinken
im Regen

Erstarrst
Stumpfst ab
Wirst ewig
im Trockenen
bleiben
Nimmer wirst kosten
gute Nässe
Wirst sterben
wenn's regnet
am unerschnupperten Wasser
Nimmer wirst kosten
die Linderung des Wassers
in der Glut der Tage

Wirst am Ende
sterben
vor Durst
im Regen

osamelost

ne veš več
kaj bi sanjal
žice so prekinjene
nihče te ne vodi
sam sebi
si postal lutka
prepuščen
sili svojih misli

Vereinsamung

Weißt nicht mehr
was träumen
die Drähte sind unterbrochen
niemand führt dich
bist dir zur Puppe
geworden allein
ausgeliefert dem Zwang
deiner Gedanken

Kaj je lepo? Včasih sem bister
in vidim jasno. Včasih
sem otrok in
me zaboli.

KRAVA,
orjaško
telo, po-
hlevna, v
temi hleva
rojena, zaupljivo
slediš slehernemu vleku
verige, še na svoji poslednji poti,
v mesto, k mesarju.
Včasih pa me pobožaš
z rogovi, da ne pozabim,
da me le ne prebodeš, ker me
ljubiš.

Was ist schön? Bin
manchmal klar, und
sehe scharf. Bin manchmal
Kind, und's tut mir weh.

KUH,
Riesenleib,
sanftmütiger,
im Stalldunkel
geborener, folgst zutraulich
gleich welchem Zug der Kette,
noch auf deinem letzten Weg, hin
zur Stadt, zum Fleischer.
Manchmal aber streifst du
mich mit den Hörnern, auf daß ich
nicht vergesse, daß du mich nur
deshalb nicht aufspießt,
weil du mich liebst.

med
uvelim papirjem
je
skrit
zelen list

groza

da
že leta desetletja
ob isti uri minuti sekundi
ponavlja
isto pot

da
vsak dan
brez misli
postavlja
iste nesmiselne korake

Zwischen
verwelktem Papier
versteckt
ein grünes Blatt

Grausen

daß ein jeder Tag
übers Jahr übers Jahrzehnt
zur selben Stunde Minute Sekunde
denselben Weg
wiederholt

daß
ein jeder Tag
besinnungslos
dieselben unsinnigen Schritte
setzt

ponavljanje

ne vzame
besedi pomena
dobremu dobrega
slabemu slabega
tebi
nič dobrega
nič slabega
ne vzame
ne da

le poglablja
je varna prevarna krožna proga
je ponarejanje samega sebe

Die Wiederholung

nimmt
dem Wort nicht den Sinn
dem Guten das Gute
dem Schlechten das Schlechte
dir
nichts Gutes
nichts Schlechtes
nimmt nicht
gibt nicht

vertieft nur –
sicher gar zu sicher ist die Kreislinie
ist die Selbsttäuschung

pričakovanja otroških dni

pričakovanja otroških dni
se nikoli niso
uresničila

izgubila so se
v morju
nemožnosti

krasne slike
čudovite glasove
gradove na visokih gorah

vse to
sem izgubil
v zorenju

a kaj sem pridobil?
a kaj mi je ostalo?

Erwartungen der Kindertage

Erwartungen der Kindertage –
niemals
verwirklicht

Verloren
haben sie sich
im Meer der Unmöglichkeit

Schmucke Bilder
wundersame Stimmen
Burgen auf Bergeshöhen

All das
hab' ich verloren
mit dem Heranwachsen:

Und was hab' ich dazugewonnen?
Und was ist mir geblieben?

Besede

Besede
si vlačila
iz mojih ust,
trgala si jih
z upirajočih se ustnic.

Ničesar
nisem vprašal,
želel sem,
da bi govorila.
Ničesar
nisem rekel,
nikamor
te nisem silil.

Tvoje ustnice
so smeh.
Moja govorica
je grenka.
Iz grozdja
sem se napil
le groze.

Poslušam vas,
pa ne razumem besede.
Občudujem,
kako obvladate jezike.

Worte

Die Worte:
aus meinem Mund
gezerrt,
gerissen
von den widerständigen Lippen.

Nichts
hab ich gefragt,
wünschte,
du sprächst.
Nichts
gesagt,
nirgendshin
dich gedrängt.

Deine Lippen:
Lachen.
Meine Rede:
Bitternis.
Aus den Trauben
nichts als Grausen
gesogen.

Ich hör euch zu,
aber verstehe kein Wort.
Bewundere,
wie ihr die Sprachen meistert.

Daleč proč sem, tujec

Čutim le
tvoj topli,
najin jezik.

Moja usta
so prazna,
žarišče
nemosti.

Besede so bile tvoje,
le tebi, le sebi na ljubo
sem jih imel za svoje.

Pomisli, reci,
kaj bi bilo, če
bi se uresničilo vse,
kar sva si kdaj želela.

Weit weg bin ich, ein Fremder

Spüre nur
deine warme,
unser beider, Sprache.

Mein Mund
ist leer,
Brenn-Punkt
der Stummheit.

Die Worte, sie waren die deinen,
nur dir, nur mir zu Liebe
waren sie mir die meinen.

Bedenk, sag:
Was wäre, hätte
sich alles erfüllt,
was wir beide uns je wünschten?

Sama je

I.

Ko sreča sosede in znance,
skuša biti prijazna.
Včasih se ji le posreči
in ničesar ne opazijo.
Jim vsaj ne prinaša bolečine.

Ne da bi bila stara.
Lasje so temnorjavi,
koža je napeta
in na obrazu ni videti brazd.
Telo je zdravo.

Leta dolgo je živela v tujini.
Okolju in razmeram
je pripisala krivdo za svoje stanje.
Le golo spoznanje
ji nič ne pomaga.

II.

Ne zna zgladiti potez v krinko,
ne obvlada jezika tako, da bi lahko spremenila glas,
ni dovolj igralka, da bi znala menjati osebnost.
Ne izlušči se iz svoje kože.

Opazuje ljudi,
kako so domači v laganju,
kako sovražijo spremembe,
kako jim je vse tuje zoprno,
vse novo prenaporno.

Allein ist sie

I.

Wenn sie Nachbarn und Bekannten begegnet,
versucht sie, freundlich zu sein.
Zeitweise glückt ihr das,
und es wird ihr nichts angemerkt.
Na, wenigstens überträgt sie ihnen nicht ihren Schmerz.

Nicht, daß sie alt wäre.
Die Haare dunkelbraun,
die Haut straff
und das Gesicht ohne Furchen.
Gesunder Körper.

Sie hat Jahre in der Fremde gelebt
und der Umgebung und den Umständen
die Schuld zugeschrieben für ihren Zustand.
Doch die bloße Erkenntnis
trägt ihr nichts ein.

II.

Sie versteht es nicht, aus ihren Zügen Masken zu bilden,
beherrscht die Sprache zu wenig, um die Stimmlagen zu wechseln,
ist nicht Spielerin genug für Rollenspiele.
Unmöglich, aus ihrer Haut zu schlüpfen.

Sie beobachtet an den Leuten,
wie sie heimisch sind im Lügen,
wie sie Änderungen befeinden,
wie ihnen jedes Fremde zuwider ist,
alles Neue zu mühsam.

III.

Zanjo ni smeha v šalah,
za naravo nima oči,
le težko loči
bedenje od sanjanja.

Sprehaja se po pokrajini,
sama.
Molk jo objame prijateljsko,
stari znanec.

IV.

Kaj te ovira?
Zakaj ne tvegaš
koraka?

Vrata
so bila od vsega začetka
odprta.

Iz hiše
vodijo:
v domačijo.

III.

Nichts zu lachen ist für sie in den Scherzen,
und nichts in der Natur kennt sie,
und schwer nur trennt sie
das Wachen vom Träumen.

Spaziert durch die Gegend,
allein.
Freundlich umarmt vom Schweigen,
dem altbekannten.

IV.

Was bloß hemmt dich?
Warum wagst du nicht
den Schritt?

Die Türen waren
von Anbeginn
geöffnet.

Aus dem Haus
führen sie:
heim.

Vabili ste me, prišel sem.
Kamen udari na steklo.
Ljubim zvok,
ko ne vem,
ali šipa poči.

NISEM PODGANA, čeprav se branim
boriti se proti smetju in smradu.
Je to lenoba ali nov uvid?
Včasih se mi med branjem, spanjem
ali kjerkoli posveti spoznanje –
a ne morem ustaviti klepetavih
misli. Ob takih priložnostih
se ugriznem v ustnico in priteče
kri, ker sem zadušil krik, in ko
dospem na tih kraj, sem že davno
vse pozabil. Ne gre drugače,
sem pač odvisen od ljudi,
od cajtengov, od čaja in
ne maram sovražnosti.

Ne da bi te prosili. Vsiliti
se jim moraš, če nočeš biti
kaznovan.

Ihr habt mich eingeladen, ich
bin gekommen. Stein schlägt
auf Glas. Ich mag den Klang,
wenn ich nicht weiß,
ob die Scheibe bricht.

BIN KEINE RATTE, obwohl ich mich wehre
zu kämpfen gegen Abfall und Gestank.
Ist das Faulheit oder frisches Einsehn?
Manchmal im Lesen, Schlafen oder sonstwo
leuchtet Erkenntnis –
aber ich kann dann das Gedankengeklapper
nicht stoppen. Bei solchen Gelegenheiten
beiße ich mir in die Lippe, und es fließt
Blut, denn ich habe einen Schrei unterdrückt,
und wenn ich's zu einem stillen Platz schaffe,
hab' ich all das längst vergessen. Es geht halt
nicht anders, bin abhängig von den Leuten,
von der »Zaiting«, vom Tee, und mag
keine Feindschaften.

Daß du dich bloß nicht bitten ließest.
Aufdrängen mußt du dich ihnen,
wenn du nicht bestraft sein willst.

Jejmo kamne!
Pijmo led!

»Če ne bi ropal, bi bil ubog«

Sredi stavka začenjam misliti, šele konec stavka
je moj. Ker se drugega konca ne spominjam, sem iznašel
svojega. Vzamem, kar se da. Živim od tega, kar vidim.
Bes mine kot blaznost, a se vedno vrača. Kot kača
skočim na cesto, tonem v bodočnost. S plaščem ni zakrito
slovo. Nag sem, ljubim uboštvo, ki ne pozna ne padcev ne teže.
Ne govori o stavkih, preden so končani, ne dotikaj se jih
z razumom! V poltemi se slači; povabi gledalce, če ti je kaj do tega.
Vsaka beseda se bori zase. Začel bi molčati in nikoli ne bi nehal.
Rad živim, lahko pa bi bil tudi mrtev. Sram me je, da živim
tako lahko. Zakaj si mi odrezal niti? Kakšna strahopetnost!
Nad prepadi so mostovi, pod njimi potepuhi in povodni ljudje.
Čudni so ti lenuhi, hinavci, tatovi; ljubijo denar in meso prav tako.

Laßt uns Steine essen!
Laßt uns Eis trinken!

»Würde ich nicht rauben, wär ich arm«

Mitten im Satz fange ich ständig zu denken an,
erst das Satzende ist mein. Weil ich mich
eines anderen Endes nicht entsinne, hab ich
mir eins erfunden. Ich nehme, was sich ergibt.
Lebe von dem, was ich sehe. Die Wut schwindet
wie ein Wahn, kehrt freilich immer zurück.
Wie eine Schlange überspringe ich die Straße,
versinke in der Zukunft. Im Mantel, unversteckt,
der Abschied. Bin nackt, liebe die Armut,
die kennt weder Abstürze noch Lasten.
Red nicht von Sätzen, eh sie zu Ende sind,
befingere sie nicht mit der Vernunft!
Im Halbdunkel entkleide dich, lad Zuschauer ein,
wenn dir danach ist. Ein jedes Wort kämpft für sich.
Ich finge zu schweigen an und hörte nie mehr auf.
Ich lebe gern, könnte aber auch tot sein. Welche Scham,
daß ich so leicht lebe! Warum schneidest du mir
die Fäden ab? Welch Feigheit! Über den Abgründen
die Brücken, darunter Landstreicher und Wasserleute.
Seltsam sind sie, Faulpelze, Heuchler, Diebe,
voll Gier nach Geld und ebenso nach Fleisch.

Za pol ure
se mrak
zgosti
v temo.

Prepovedal si bom pisanje

Ko še nisi znal brati, sem si izmislil zgodbe zate.
Davno sem jih že pozabil, ti pa še vedno veš zanje.
Nocoj se jih boš spominjal, dokler ne boš zaspal.

Veš, brez torbe se počutim nagega, ponavadi vanjo odlagam vtise.
Če bi spomin imel v njej dosti prostora, bi se preteklost razblinila.
Oprosti, vate tlačim besede, kot da bi ti hotel poljubljati ušesa.

Če bi pogum rastel na drevesih, bi vam ukazal, da ga potrgate.
Čas je zrel. Če bi ležal v blatu, bi ga vi pobrali in shranili.
Bolj mogočen sem kot vi. Ker sem prepričan in dvomim.

Kako naj ti pridem blizu? Ali naj ti dam piti svojo kri
ali jesti svoj kruh? Ker se mi je zlomilo pero – kdo je tisti
nihče, ki ga je zlomil? –, moram govoriti. Sam sebe nadlegujem.

Ličinka sem, ki se je izluščila iz ličinke. Sam svoj sin sem,
sad trte in zime, trpek in sladek hkrati. Nimam si kaj ukazati.
Kdo ne bi želel umreti .... na višku življenja?

Für eine halbe Stunde
verdichtet die
Dämmerung
sich zu Finsternis.

Ich werde mir das Schreiben verbieten

Als du noch nicht lesen konntest, habe ich Geschichten erfunden
für dich. Längst hab ich sie vergessen,
du aber weißt noch immer von ihnen.
Heut nacht wirst du dich ihrer erinnern, bis du einschläfst.

Du weißt, ohne Tragtasche fühl ich mich nackt, bin gewohnt,
in ihr Eindrücke zu lagern. Hätte das Erinnern in ihr Platz genug,
würde die Vergangenheit zu Schaum.
Verzeih, ich dränge dir Worte auf, als seien das Ohrenküsse.

Wüchse Mut auf Bäumen, würde ich – reif ist die Zeit – euch heißen,
ihn zu pflücken. Läge er im Dreck, würdet ihr ihn aufklauben
und horten. So viel mächtiger bin ich
als ihr. Denn ich bin überzeugt und zweifle.

Wie bloß komm ich dir nahe? Soll ich dir denn mein Blut
zu trinken geben oder mein Brot zu essen? Weil mir die Feder
geknickt ist – wer ist denn der *Niemand*, der sie geknickt hat? –,
muß ich reden. Und behellige mich allein.

Bin Larve, herausgeschält aus einer Larve. Bin mein Sohn,
Frucht des Rebstocks und des Winters, bitter und süß zugleich.
Hab mir nichts zu heißen. –
Wer wünschte nicht, zu sterben …… auf dem Gipfel des Lebens?

temno je

temno je
ko vstajaš
odhajaš

med potjo
tali belo dihanje
ledene vozle v prstih

da se okolica jasni
se ti zdi

spomine srečaš
znova in prvič
v drobovju ulic

skozi visoka vrata
stopiš v nizko sobo
prebeli svit
ni sonce
je mrzel dotik
zlomljenih prstov

v mračne oboke
se spustiš
roke obraze
kretnje poteze
besede poglede
si zapomniš

ko si odšel
si ostal tam
sam

Dunkel ist’s

Dunkel ist’s
wenn du aufstehst
weggehst

Auf dem Weg läßt der weiße Atem
die Eisflechten schmelzen
zwischen den Fingern

Die Umwelt
hellt scheint’s auf

und in den Gassenengen kommen dir
von neuem und erstmals
Erinnerungen

Durch die hohe Tür
trittst du ins niedrige Zimmer
Der weiße Schimmer
ist nicht die Sonne
und gibt das Kältegefühl
gebrochener Finger

Läßt dich nieder
in dem dämmrigen Gewölbe
um dir einzuprägen
Hände Gesichter
Gebärden Mienen
Worte Blicke

Gehst du fort
bleibst du dort
allein

vsega si se otresel
prepoln si praznine

le noč se ti vrne
temen predor
vanjo se obrneš

vase

Hast alles abgeschüttelt
bist übervoll von Leere

Daß doch die Nacht dir wiederkehre
dunkler Tunnel
auf dem Rückweg

hin zu dir

Polnoč je ločnica
med danes in teboj.

SNEG JE ČRN OD NOČI.
Dan je bel od snega.

Vstajam, vstajam, kot
da sem sam na svetu.

Okno je samo slika.
Gol sem, bel in črn.

Na sliki sem, tu.
Mrk, noč sredi dneva.

Kot bela para vstajam,
počasi, počasi, počasi.

Bel sem, lahek,
malo me je.

Sanje postlane,
more pokopane

globoko v
jutranji sneg.

Belo je sonce.
Sonce je sneg.

Sneg je mehek.
Sneg sem jaz.

Die Mitternacht ist Trennlinie
zwischen heute und dir.

DER SCHNEE IST NACHTS SCHWARZ.
Der Tag schneeweiß.

Ich steh auf, steh auf
wie allein auf der Welt.

Das Fenster ein bloßes Bild.
Bin nackt, weiß und schwarz.

Im Bild, ja, da bin ich.
Finsternis, Nacht mitten im Tag.

Weißer Dampf, so steh ich auf,
langsam, langsam, langsam.

Weiß bin ich, leicht,
wenig, weg.

Gebettet die Träume
Begraben die Alpträume

tief im
Morgenschnee.

Weiß ist die Sonne.
Sonne ist Schnee.

Weich ist der Schnee.
Der Schnee bin ich,

Najbolj nežen,
ko padam, padam.

Poln jutra sem,
s soncem vzhajam.

In
ti?

gar sanft,
wenn ich falle, falle.

Voll des Morgens bin ich,
gehe auf mit der Sonne.

Und
du?

Prijazni ljudje bodo hodili
vštric z nami in
nam naproti

Kakšen dež, kako deževno poletje,
kako premočeni smo v njem
mi!

Prenašamo samoto, sebe,
živimo z njo,
v njej.

Ušesa,
ki ne poslušajo,
nas silijo k besedi.

Edina svoboda,
ki nam jo dajete,
je, da lahko govorimo.

Edina svoboda,
ki jo dajemo vam,
je, da vam ni treba poslušati.

Freundliche Leute werden mit uns
gehen und uns
entgegen

Was für ein Regen, wie verregnet der Sommer,
wie durchnäßt in ihm
wir!

Wir ertragen's, das Alleinsein,
leben mit ihm, leben
in ihm.

Ohren,
die nicht hören,
zwingen uns zu Worten.

Einzige Freiheit,
die ihr uns spendet:
daß wir sprechen können.

Einzige Freiheit,
die wir euch spenden:
daß es euch nicht not tut, zu hören.

dva vidika

iz daljave
so se mi zdeli
živi
mrtvi

zdaj
se mi zdijo
mrtvaki
iz bližine
živi

Zwei Gesichtspunkte

Von weitem
schien mir:
die Lebenden
tot

Jetzt
aus der Nähe:
die Toten
scheint mir
leben

Pozabljati, pozabljati

Pisma so zaman in pogovori odveč,
rečem in stopam naprej.

Zima je, zima brez mraza, brez snega,
a zima, huda zima, najhujša od zim.

Kamen me zadene v glavo
in z glavo butam v zid.

Otroci se mi smejijo.
Živali se me bojijo.

Ne več pisati, ne pisati,
si govorim, ne več govoriti.

Utrujen sem
in lačen.

Pa nimam kam iti,
pa nimam kaj jesti,

že zdavnaj več ne jem,
že zdavnaj nikamor več ne grem,

spim med hojo,
med hojo spim,

mislim, govorim,
morda na glas,

da bi pozabil,
da pozabljam,

Vergessen und wieder vergessen

Vergebliche Briefe, und Gespräche zuviel,
sage ich und gehe voran.

Winter ist's, Winter ohne Frost und Schnee,
Winter, schlimmer Winter, schlimmster der Winter.

Ein Stein prallt mir auf den Schädel,
und mit dem Schädel renne ich an die Mauer.

Die Kinder lachen mich aus.
Das Vieh fürchtet mich.

Nicht mehr schreiben, nicht schreiben,
sag ich mir, nichts sagen.

Müde bin ich
und hungrig.

Und nirgendwohin zu gehen
und nichts zu essen,

schon längst eß ich nicht mehr,
schon längst geh ich nirgendwohin,

schlafe im Gehen,
im Gehen schlaf ich,

denke, rede,
allenfalls laut,

auf daß ich vergäße,
daß ich vergesse,

besede izgovarjam,
da jih pozabljam,

da jih obrabim,
izrabim, pozabim,

da se razblinijo in
jih končno ni več.

spreche die Worte
um sie zu vergessen,

um sie abzunutzen,
auszunutzen, sie zu vergessen,

auf daß sie sich auflösen
und es endlich aus ist mit ihnen.

Suženj gospod

I

vsi
radi
ukazujejo

nihče
noče
ubogati

II

kaj pa
če bi vsi
ukazovali
in
ubogali?

III

vsak
bi ubogal
lasten ukaz

vsak
bi ukazoval sebi
in ubogal sebe

IV

če ne bi ubogal
ne bi imel komu kaj ukazovati

Sklave Herr

I

Alle
befehlen
gerne

niemand
will
gehorchen

II

Was aber
würden alle
befehlen
und
gehorchen?

III

Ein jeder
würde gehorchen
dem eigenen Befehl

Ein jeder
würde sich selber befehlen
und sich selber gehorchen

IV

Gäb's kein Gehorchen
gäb's keinem was zu befehlen

V

brez ukaza
ne bi vedel
kaj delati

ker ne ve
kaj delati
ukazuje

VI

ker ga nihče ne
uboga uboga
sam sebe

VII

saj nima drugega dela

VIII

če ne bi ubogal
ne bi imel kaj ukazovati

IX

če nihče ne bi ubogal
bi se ukazovanje končalo

X

tako
ni
konca

V

Ohne Befehl:
nicht wissen
was tun

also: der nicht weiß
was tun
befiehlt

VI

Also: wem keiner gehorcht
gehorcht
sich allein

VII

Nichts sonst ist ja zu tun

VIII

Gäb's kein Gehorchen
gäb's nichts zu befehlen

IX

Würde keiner gehorchen
wär's das Ende des Befehlens

X

Und so:
kein
Ende

jutro – pomlad

misli tečejo
iz peresa
iz trenutka
v vesoljnost

grem na sprehod
vonj obnove in preporoda
ščegeta nos
pomlajeni svet
me sprejme povsod
nebo se blešči
v čisti in temni modrini
misli se vzdignejo nad zemljo
za čelom je nova jasnost
pregnala težki stari mrak
znova vidim pred seboj
vesele obraze otroških let
le podrobneje
le bolj zavestno
srečen zaprem oči
in diham globoko
a naenkrat pade name senca
razum uniči vse občutke
nenadoma se počutim tako nevrednega
da bi me lahko odnesel
nepreviden vzdih
da bi me lahko ranila
božajoča roka
vrnjen na mrzla tla resnice
sem le ohranil zaklad
globoko v svojem srcu
z žarečim smehljajem

Morgen – Frühling

Gedanken
die aus der Feder laufen
aus dem Augenblick
ins All

Ich mach mich auf den Weg
Düfte kitzeln und wiederbeleben
die Nase
Verjüngte Welt
die mich allerwärts aufnimmt
ein Himmel der leuchtet
in reiner dunkler Bläue
Gedanken sich erhebend über die Erde
Hinter der Stirn eine neue Klarheit
die das lastende alte Düster verscheucht
Und wieder seh ich vor mir
die Frohgesichter der Kinderjahre
nur klarer
nur bewußter
und glücklich schließ ich die Augen
und atme tief
Auf einmal aber ein Schatten der mich überfällt
Verstand der alle Gefühle vernichtet
und plötzlich empfinde ich mich so nichtig
daß ein unvorsichtiges Seufzen
mich davontragen könnte
und eine liebkosende Hand
mich verwunden
Zurück in der kalten Wirklichkeit
hab ich mir freilich tief im Herzen
einen Schatz bewahrt
und durchwärmt vom Lächeln

se spravim na pot
domov

pomladno jutro
kmet gre po polju
zlato seme zaupa zemlji
rast ujame
moč sonca
in jo shrani
v sebi
da bo naš kruh
v temni zimi

zrak nosi vonj
mladega cvetja
livade so ozelenele
po toplem dežju
po milem soncu
duša se odpre naravi
kakor da bi se
znova rodil

mach ich mich auf den
Heimweg

Frühlingsmorgen
Der Bauer geht übers Feld
Goldsaat wird anvertraut der Erde
Die Pflanze fängt die
Kraft der Sonne ein
und verwahrt sie
in sich
für unser Brot
im finstern Winter

Die Luft bringt Duft
junger Blüten
die Auen haben gegrünt
nach dem warmen Regen
und der sanften Sonne
Die Seele offen
in der Natur
wie neugeboren

opoldan – poletje

svetel dan
je v meni
ozdravljajoč
sedim v milem svitu
bližajočega se jutra
čutim
da rastem

kar obstaja
bo umrlo
le kar se razvija
živi

v steklu okna
se zrcali tvoj obraz:
glej to si ti
prazna duša
se napije
vonja zemlje
se napije
upanja

sive sence
so se stalile
v zlatem soncu
bel kip človeka
sen filozofa
je zaživel

Mittag – Sommer

Lichter Tag
in mir
Gesundend
sitze ich im milden Glanz
des nahenden Morgens
und spüre
daß ich wachse

Was anhält
wird sterben
was sich entfaltet
lebt

Im Fensterglas
spiegelt sich dein Gesicht
Schau das bist du
Die leere Seele
trinkt sich an
mit Duft der Erde
trinkt sich an
mit Zuversicht

Graue Schatten
sie sind zerschmolzen
im Sonnengold
Weiße Statue eines Menschen
– Philosophentraum –
hat sich belebt

večer – jesen

vse se izgubi
v meni
kaj je resnica
in kaj je zmota?
ne ločim več
ne dneva od mraka
ne mraka od noči
meje utonejo
v megli
tiho
nad mirnim pravodovjem

kamnite podobe
padlih junakov
tiho govorijo
v vetru veje
njih svarilo
»z umori si ne boste pridobili življenja
z umori si ne boste pridobili življenja«
a nihče ne potrpi
ob grobovih
nihče jih ne zna
dojeti

vihar je razbil
motne šipe
je raztrgal
meglene zavese
je uničil
varna okna
ljudi
osamelih

Abend – Herbst

Alles verliert sich
in mir
Was ist Wirklichkeit
und was ist Irrtum?
Ich unterscheide den Tag
nicht mehr von der Dämmerung
und nicht die Dämmerung von der Nacht
Die Grenzen schwinden
im Nebel
still
überm friedlichen Urgewässer

Die Steinfiguren
der gefallenen Helden
Still sprechen sie
im Wind weht
ihre Mahnung
»Mit dem Töten werdet ihr kein Leben erlangen
mit dem Töten werdet ihr kein Leben erlangen«
Aber niemand der sich geduldet
bei den Gräbern
Niemand der es versteht
sie zu erfassen

Der Sturm hat zerschlagen
die trüben Scheiben
hat zerrissen
das Nebelgehänge
hat vernichtet
die sicheren Fenster
der stumm
vereinsamten

v nemosti
kako tuja jim je postala
svoboda

oblaki so požrli sonce
kdaj bom spet
čutil božanje žarkov
na pobledeli koži?

Leute
Wie fremd ist denen geworden
die Freiheit

Wolken haben die Sonne verschluckt
Wann werd' ich wieder
ihre liebkosenden Strahlen spüren
auf der gebleichten Haut?

noč – zima

za svojo pečjo
sem sedel
in se napil
toplote
da bi se mogel
vrniti
k vam
v zimo

onemel sem
ko je utihnila pesem vetra
onstran sten
kdor hoče bedeti
mora primerno spati

veki sta rahlo pokrili oči
telo počiva
le duša dirja dalje
dalje čez obzorje
neomejena
je dežela
svobodne duše

Nacht – Winter

Hinter meinem Ofen
bin ich gesessen
und habe mich angetrunken
mit Wärme
um zurückkehren
zu können
zu euch
im Winter

Bin stumm geworden
mit dem Verstummen des Windlieds
jenseits der Wände
Wer wachen will
muß entsprechend schlafen

Sanft senkten die Lider sich über die Augen
Es ruht der Körper
Nur die Seele
sie rennt weiter
weiter hinter den Horizont
Unbegrenztes Land
der freien Seele

Brez konca konec

I

Brez konca
konec.
Od nikoder
nobene besede.

Vse tiše hrup,
vanj bežim
iz sebe.

II

Obraz
pada name,
tone vame
vedno znova.

Ždim nad sabo.
Že davno več
nisem jaz.

III

S seboj molčim,
sebi nasproti.
Sebe pozabljam,
sebi postajam

spomin, daven in
tuj in bežen in
sladek kot jezik.

Ende ohne Ende

I

Ohne Ende
Ende.
Von nirgendher
auch bloß ein einziges Wort.

Alles still und stiller der Lärm,
ich flüchte in ihn
aus mir.

II

Gesicht
das auf mich fällt,
in mich versinkt,
wieder und wieder.

Kauere über mir selber.
Bin schon längst nicht
mehr Ich.

III

Ich schweig mit Mir.
Gegen Mich.
Vergesse Mich.
Werde mir

Erinnerung, längst vorbei,
fremd und flüchtig,
und – wie Sprache – süß.

The war broke out at the break of dawn
Bob Dylan

Dies illa

To je čas vstaje, upora, revolucije. V meni sneži, v meni so snežni zameti višji kot zastave našega pohoda. Na pohodu so vsi, ki so tudi drugače z menoj, ki bi tudi drugače bili z menoj, vstali so in šli v svet.

In jaz sem se zgrudil, zleknil po tleh in zlezel vase, globoko noter, v svoje zamete, kamor zastave ne sežejo.

Treba je vzeti svojo zastavo na rame in za kom hoditi.

Kako sam je tisti, ki preživi pokol!

In vsi ti mladi fantje pojdejo v vojsko, v rdečo, rdečo zoro.

A jaz ostajam doma, mama, ki čaka. Betežen norček, ki govori neumnosti. (»Nikogar ni doma in jaz sem nor.«) Moj čas je čas dvornih norcev. Zamudil sem ga.

Moji noži so nežni. To sem se naučil od tebe. Z njimi božam mojo malo. Z njimi režem svojo pot v zemeljsko skorjo. Svoje nože jem. Od znotraj bom zaklal sebe in ves svet.

The war broke out at the break of dawn
Bob Dylan

Dies illa

Das ist die Zeit des Aufstands, des Aufruhrs, der Revolution. In
mir schneit's, in mir sind die Schneewehen höher als unsere
Aufmarschfahnen. Auf dem Marsch sind alle, die sonst
mit mir sind, die anders gewesen wären mit mir,
aufgestanden sind sie und hinaus in die Welt.

Und ich bin zusammengesunken, hab mich hingestreckt
auf den Boden, bin in mich gekrochen, tief hinein, in meine
Schneewehen, wo die Fahnen nicht hinreichen.

Muß meine Fahne auf die Schultern nehmen
und den Anschluß finden.

Wie allein ist doch der, der's Gemetzel überlebt!

Aber alle die jungen Fanten sind unterwegs in den Krieg,
ins rote, rote Frühlicht.

Aber ich bleibe daheim. Mama, die wartet. Kränkliches Närrchen,
das Unsinn redet. »Niemand daheim, und ich ein Narr«.
Meine Zeit die Zeit der Hofnarren.
Zu spät gekommen bin ich.

Meine Messer sind milde. Das habe ich gelernt von dir. Mit ihnen
streichle ich meine Kleine. Mit ihnen ritze ich meinen Weg
in die Erdrinde. Esse meine Messer. Von innen her werd' ich
schlachten mich selbst und die ganze Welt.

Bojim se. Ja. Strah me je.

Najbolj se boji tisti, ki čaka, ki je slep, ker je daleč.
Pogumen je, kdor ne misli, ker dela, ker se bori. Kdor
ne misli, bo junak, naj bo vojak.

Misli, ja, možgani mi vežejo roke. Usta imam polna srca.
Davim se, davim, in nič ne spravim ven. Bežal bi, pobegnil,
a tu sem iz kamna, doma.

Srečen je, kdor se lahko s kom za kaj bori. Jaz sem mir.
Niti sovražnika nimam, tako sam sem.

Kje je moja mala? Mala, kje si?

Iz jekla ste, iz stekla. Trdi, čvrsti. Vaše poteze so iz zlata.

In mi smo živo srebro, vročina nas žene kvišku. Vaša vročina.

Mi bdimo, kadar vi spite. Mi bdimo, vedno, spite!
Nikoli se ne utrudimo, ker se nikoli ne borimo. Čuvamo vas,
ki ste daleč, ki vas ni videti. Mi ne rabimo orožja.

Z žalostjo ubijamo, sovražnika in svet, vas in sebe.

Kar vstajajte! Mi stojimo. Od samega začetka smo stali.

26.11.1987

Ich ängstige mich. Grauen frißt mich.

Am stärksten ängstigt sich, wer wartet, wer blind ist. Weil er
fern ist. Mutig ist, wer nicht denkt. Er tut, er kämpft.
Der nicht denkt: ein Held, ein Krieger halt.

Die Gedanken, das Gehirn, sie binden mir die Hände. Das Herz
als Ganzes im Mund. Ich würge, würge, und nichts kommt heraus.
Flüchten, fliehen, aber hier bin ich, aus Stein, daheim.

Glücklich, wer mit jemand um etwas zu kämpfen hat. Ich bin
der Friede. Und nicht einmal ein Feind verfügbar.
So allein bin ich.

Wo ist sie, meine Kleine? Kleine, wo bist du?

Aus Stahl seid's, aus Glas. Starr, stramm. Eure Züge golden.

Und wir: Quecksilber, die Glut treibt uns in die Höhe. Eure Glut.

Wir wachen, wenn ihr schlaft. Wir wachen, immer, schlaft!
Nimmer ermüden wir, weil wir nimmer kämpfen. Wir behüten
euch, die ihr fern seid, die ihr unsichtbar seid.
Wir, wir brauchen keine Waffen.

In Trauer töten wir, Feind und Welt, euch und uns selber.

Steht halt auf! Wir, wir stehen. Von Anfang an sind wir gestanden.

26.11.1987

LETZTE GEDICHTE

(2008–2016)

DUŠA ME BOLI, vse novo mi je tuje
in zoprno. umaknil sem se nazaj
pred začetek pubertete, da se
počasi spet naučim nevednosti,
da si iz preteklega neživljenja
iztrgam velik kos prihodnosti.

DIE SEELE TUT MIR WEH, all das Neue ist mir
fremd und zuwider. Ich zieh mich zurück
in die Vorpubertät, um mir sachte
wieder das Nichtwissen beizubringen,
um dem Nicht-Leben von damals eine
große Scheibe Zukunft zu entreißen.

Četrta zapoved

Spoštuj očeta in mater, da boš dolgo živel
v deželi, ki ti jo dá Gospod, tvoj Bog!

Matica, privlačna in vabljiva, medena, menda
materinska, vedno za vogalom in na dosegu rok,
se hipoma umika, postaja z vsakim dihom bolj
nedostopna in leži nenadoma, kot za zmeraj,
za devetimi gorami, ki iz basni drzno štrlijo
naravnost v sedanjik, nepreklicno in nepriklicno,
onstran vseh plovnih voda. Pogled na naključno,
premično črto obeta zakrinkano zveličanje,
ki se odrešujoče razodene šele v izostreni
slutnji lastne posmrtne maske, s katere se dviga para.

Očetnjava, neljubi levji delež, svinčena dediščina,
sidro na suhem, grezilo, ki se je zagozdilo
v razpoki med dvema dnevoma. Z nevidnim
bremenom in komaj prebavno popotnico steguje
zasopli popotnik na vrhuncu noči roko po
jutrišnjih studencih, ki izvirajo tik pred njim
za nevidno, neprebojno pregrado in se izlivajo
čez razvodnico svita po strmem pobočju jutra.
Na ukrivljenem hrbtu nosi upehanega očeta,
medtem ko ga vodi njegov mladoletni kratkovidni sin.

Viertes Gebot

Du sollst Vater und Mutter ehren, auf daß du lange lebst
im Land, das dir gibt der Herr, dein Gott

Mutterland, anziehendes, einladendes, honigreiches,
gar wohl mütterliches, ständig um die Ecke und
in Reichweite: plötzlich zieht es sich zurück,
unzugänglicher mit jedem Atemzug, und, hast du's gesehen,
liegt es, wie auf Dauer, hinter den neun Bergen,
welche aus dem Fabelreich frech geradewegs
in die Gegenwart ragen, ungerufen – unwiderruflich,
jenseits aller passierbaren Gewässer. Der Zufallsblick
auf eine bewegliche Linie verheißt verhüllte Seligkeit,
erlösend sich enthüllend erst in der Vorahnung
der eigenen Totenmaske, von welcher Dampf aufsteigt.

Vaterland, unlieber Löwenanteil, bleiernes Erbe,
Anker im Trockenen, Senkblei, das sich verkeilt hat
im Spalt zwischen zwei Tagen. Mit unsichtbaren Lasten
und fast unverdaulicher Wegzehrung streckt
der atemlose Wanderer in der tiefsten Nacht
die Hand aus nach den morgigen Quellen, welche direkt vor ihm
hinter einer ungesehenen und undurchdringlichen Schranke
entspringen und sich, zugeführt von der Dämmerung,
ergießen über den Steilhang des Morgens. Vaterland: auf dem
gekrümmten Rücken schleppt es den erschöpften Vater,
der geführt wird von seinem unmündigen, kurzsichtigen Sohn.

Domovina očetov in mater je celo v nezmotljivem spominu odličnjakov že zdavnaj dogorela in s pogorišča neštetokrat smelo vstala z ognjenimi krili, s katerimi se je vse ostreje neizbrisno zarisala v zadnjo stran zrkel. Starša sta vezani posodi, nerazdružljiva in neutrudljiva bredeta vštric po zoženem ožilju, krvnem obtoku, ki počasi pušča in zapušča tenko sled, podobno drobni pisavi. Z najhladnejšim orožjem dregata v goreči osir, ki je že zdavnaj prazen, iz katerega se vije samo še dim.

Enojajčna dvojčka, čeprav ju dosmrtno veže rdeča nit popkovine, ne vesta drug za drugega. Niti pred ogledalom se ne bi spoznala, čeprav bi lahko bila ogledalo drug drugemu. Zakleta sta v neodtujljivo otroškost. Ali se bosta kdaj srečala v daljnih potomcih, ki jim bo vnanja tujost omogočila neobteženi hkratni prvi korak? Kos za kosom bo treba za nazaj sestavljati razbito, popačeno sliko, zrcalno podobo prednikov, ki niso zapustili ne posnetkov ne pisem.

Die Heimat der Väter und der Mütter ist gar längst schon
verbrannt im unfehlbaren Gedächtnis der Musterschüler,
und aus dem Brenn-Punkt ungezählte Male kühn auferstanden mit
Feuerflügeln, womit sie sich unauslöschlich eingeritzt hat
bis in den hintersten Fleck des Augapfels. Die Eltern sind
kommunizierende Gefäße, untrennbare und unermüdliche,
nebeneinander im verengten Adernetz, im Blutkreis, der zuweilen
eine feine Spur läßt, ähnlich schmalen Schriftzeichen.
Mit den kältesten der Waffen stoßen die zwei
ins brennende Wespennest, das längst schon leere,
aus dem allein noch Rauch pufft.

Eineiige Zwillinge die zwei, und obwohl bis in den Tod sie bindet
eine rote Nabelschnur, wissen sie nichts voneinander.
Nicht einmal im Spiegel würden sie sich erkennen, dabei
könnte gut der eine dem andern Spiegel sein. Verwunschen
die beiden in unentfremdbare Kindschaft. Ob sie einander
begegnen werden, irgendwann in den fernen Nachkommen,
denen das äußerliche Fremdsein der zwei ihren ersten
unbeschwerten Simultanschritt ermöglichen wird? Stück um Stück
wird dann das zerschlagene, das verdorbene Bild
neu zusammengesetzt werden müssen, die Spiegelung der Vorfahren,
von welchen es weder Konterfei noch Geschriebenes gibt.

Ledina, spočit mačehovski otrok kolobarjenja, se otročje veseli lemeža, ki bo zaoral vanjo vzporedne brazde, podobne sledem, ki jih na vodni gladini puščajo plovila; notno črtovje. Sprememba namembnosti sploh ni pomembna, še več: niti potrebna ni. Pravkar smo namreč izvedeli, da so vse obdelovalne površine že zdavnaj zajete v zazidalnem načrtu. Na izvidu sta torej sproščanje in sprožanje, skorajšnji prepis in njegova pooblaščena overovitev; osvojitev.

Otroci in starci stojijo majavo na trdi, plitvi prsti, kjer butajo korenine ob pečine tako nepoboljšljivo kot razburkano valovje ob čeri. Divja jaga polagoma omaga. Truma duhov prednikov, ki se je ob vsakem božiču bolj brezglavo podila po vse redkejšem zraku, je od lastnega trušča oglušela. Beganje od Boga in nazaj k njemu se končno končuje. Udobno ugnezdeni med že in še ne ta hip sprejmemo le, da nas obljubljena dežela posvoji.

Brachland, ausgeruhtes, stiefmütterliches Kind
des Fruchtwechsels, freut sich kindhaft am Pflug,
wie der regelmäßige Furchen aufwirft,
ähnlich den Spuren, welche die Wasserläufer
auf dem Wasserspiegel hinterlassen –
Notenzeilen. Umwidmung der Flächen: unwichtig,
mehr noch: unnötig. So haben wir erkundet,
daß alle die bearbeiteten Flächen
längst schon erfaßt sind in einem Bauplan.
In Sicht: freies Spiel und Spannkraft,
baldige Übergabe und deren Beglaubigung; Einverleibung.

Die Kinder und die Alten stehen wacklig auf der starren,
der untiefen Erde, wo die Wurzeln auf Fels stoßen,
so unverbesserlich wie aufgewühltes Wogen an Klippen.
Die Wilde Jagd schwächt sich allmählich ab.
Der Schwarm der Vorfahrengeister, mit jeder Weihnacht
kopfloser angestürmt in der immer dünneren Luft,
ist betäubt vom eigenen Getöse. Das Flüchten
von Gott weg und zurück endet, endlich.
Bequem eingenistet zwischen Schon und Noch,
statt im Jetzt, akzeptieren wir,
daß das verheißene Land uns adoptiert.

Do tri. Tja

Ne govori mi, da ne znaš šteti do tri.
Preštej na prste. Ponovi trikrat. Kaj
ostane: en prst, številka ena. Eno.

To ni ne razlog ne opravičilo, da
živiš in govoriš kar tja v tri dni.
Dovolj hudo je že, da ješ za tri.

V drugo gre rado, v troje gre nemara lažje.
En delavec dela tri ure, trije menda devet.
Žena podpira tri ogle hiše, mož samo enega.

Za prepir zadostujeta dva, za družbo pa
so potrebni vsaj trije. Tretji kvari dvojino.
Štel bom do tri, ena, dve, tri, in že te ni.

Tako te bom, da boš tri sonca videl,
celo tako, da jih boš zagledal devet.
Onstran devetih gorá in devetih vodá

boš uzrl deveto deželo, obljubljeno
in dosegljivo. Do nje vodi troje poti.
Troskok, trizvok te bo presadil tja.

Bis drei. Dahin

Sag mir nicht, du kannst nicht bis drei zählen.
Zähl ab an den Fingern. Wieder dreimal.
Was bleibt: Finger Nummer eins. Einer.

Das ist weder Grund noch Ausflucht für das,
was du so lebst und dahinredest.
Schon schlimm genug, daß du in drei Tagen ißt für drei.

Am zweiten wird's lustig, am dritten leichter.
Ein einzelner Arbeiter arbeitet drei Stunden, drei vielleicht neune.
Die Frau stützt drei der Hausecken, der Mann bloß eine.

Zum Streiten genügen zwei, für eine Gesellschaft aber
braucht's drei. Ein Dritter schädigt die Zweizahl. Ich werde
bis drei zählen: eins, zwei, drei, und schon ist's mit dir vorbei.

Drei Sonnen wird' ich dich sehen lassen,
und sogar neune wirst du im Auge haben.
Jenseits der neun Berge und der neun Gewässer

wirst du das Neunte Land erschauen, das verheißene,
das erreichbare, und zu ihm führen dreierlei Wege.
Dreisprung – Dreiklang wird dich übersetzen, dahin.

Med letnima časoma

Spojeni dnevi, sprijeti ob lepljivih robovih.
Pomlad, ujeta za lunin krajec. Letalo že odhaja.

Cenejša je vozovnica za tistega, ki se odloči šele
zadnji hip. Cvetenje zamuja, pred ciljem sopiha.

Komaj dohaja pomlad, ki se poslavlja. Pelod prši.
Zato ostajajo okna in vrata zaprta. V arhivu sedanjika

kroži zrak. Vedno isti, razkužen, hlajen, navlažen,
po potrebi tudi posušen in segret. Trava je že seno

in otava, puščavsko požgana, bodičasta in rjava.
Kot na morju. Tu smo se ustavili samo mimogrede.

Dolgo se tukaj ne bomo mudili. Brž bomo obhodili
znamenitosti, se napojili in nabasali z dobrotami.

Vračamo se, toda samo na kratko. Kdor misli,
da bi se utegnili udomačiti, se bridko moti.

Pojdimo torej! Skrajni čas je, zadnja priložnost.
Sešita, zvarjena, skovana v en kos sta dan in noč.

Zwischen den Jahreszeiten

Verbundene Tage, verstruppt an den klebrigen Rändern.
Frühling, gefangen im Mondsaum. Schon ist das Flugzeug vorbei.

Teurer das Ticket für den, der sich entschließt im letzten Moment.
Verspätetes Blühen, keucht vor dem Ziel. Kaum erreicht er

den Frühling: schon Abschied. Pollen stäubt. So bleiben
die Türen und Fenster geschlossen. Im Archiv der Gegenwart

kurvt die Luft, alleweil dieselbe, keimfrei, gekühlt, durchfeuchtet,
bei Bedarf durchtrocknet und aufgeheizt. Die Wiese

schon nach der Zweiten Mahd wüst, verbrannt, stachlig
und braun. Wie am Meer, wo wir nur kurz stehenbleiben.

Lang werden wir hier nicht verweilen. Schnell vorbei an
den Sehenswürdigkeiten, uns tränken und füllen mit Gutem.

Kehren zurück, wenn auch nur für kurz.
Wer meint, wir könnten heimisch werden, irrt bitterlich.

Auf also! Höchste Zeit, letzte Gelegenheit, zusammengehalten,
zusammengeschweißt, zusammengeschmiedet, Tag und Nacht.

Nedeljska pesem

»Kaj ravno prebirate?«
»Nedeljo.«

Vprašanje Petru Handkeju
in odgovor nanj
1. april 1981

I

Petek seveda ni svetek
in vendar je vsak četrtek
»nedel«, skriven praznik
povsem posebne vrste,

pa čeprav je navidez
čisto navaden delovnik.

II

Sreda je sreda tedna samo,
če začnemo štetje z nedeljo.
Po sredi se teden nagiba
v drugo, lepšo polovico,

ker prejemamo »nedeljo«
po pošti že v četrtek.

III

Potem ko smo se uspešno
povzpeli na vrh, se zdaj
lahko sproščeno spuščamo
navzdol v nižine, globine

Sonntagsgedicht

»Was lesen Sie gerade?«
– »Den Sonntag«

Frage und Antwort
P. H.s
1. April 1981

I

Der Freitag ist nicht selbstverständlich Feiertag
und doch ist jeder Donnerstag
»sonntäglich«, geheimer Festtag
besonderer Art,

wenn dem Schein nach
auch bloßer üblicher Arbeitstag.

II

Mittwoch ist nur Mitt-Woch,
wenn wir das Zählen beginnen mit dem Sonntag.
Mittwochs neigt die Woche sich hin
zur anderen, schöneren Halbzeit.

weil uns der »Sonntag« mit der Post
schon am Donnerstag zugestellt wird.

III

Nachdem wir uns hoffnungsfroh
höhenwärts geschwungen haben, können
wir uns jetzt frei hinablassen
in die Niederungen, die Tiefen,

in svoje nakopičene tegobe
veselo sežigamo na grmadi.

IV

»Življenje je praznik«,
dragi Simon Gregorčič,
saj prav iz njegove srede
izvira studenec, ki kot

mogočna reka preplavlja
bregove, polja in njive.

V

Tako bo odslej lahko
tudi posvetni vsakdan
prednedeljek, ki
ga preseva slutnja

bližnje, zmeraj
prihodnje svetlobe.

und unsere gehäuften Lasten
verbrennen wir heiter auf dem Scheiterhaufen.

IV

»Das Leben ist Festtag«,
ja, lieber Simon Gregorčič,
entspringt doch aus seiner Mitte
eine Quelle, die als

mächtiger Fluß
Ufer, Felder und Äcker überflutet.

V

Also wird in der Folge
auch der Allerweltstag
zum Vor-Sonntag,
durchsiebt von einer Ahnung

naher und dauerhaft
künftiger Helligkeit.

LJUBLJANA, v tebi sem tujek,
iver, zadrt v tvoje voljno tkivo,
zasilen, priložnostni priležnik.

Jonov kit si, bel privid, ki ga
hlastno in slastno sproti prevajam,
nazaj v varni, stvarni svet.

Sredi tebe sem najbolj pri sebi.

LJUBLJANA, ich bin ein Fremdkörper in dir,
Splitter, eingerissen in dein williges Gewebe,
Gelegenheitsbeilieger.

Jonas Wal bist du, weißes Wahnbild, das ich
ein jedesmal wieder, in Hast und Lust,
zurückübersetze in die sichere, die sachliche Welt.

Bin inmitten von dir bestens bei mir.

RAD BI S TEBOJ, ne predolgo,
in če bi bilo mogoče
karseda počasi,
molčal.

Ne bi spraševal, od kod ta tvoja
brazgotina (s tem bi izničil
dvojino), ne sebe in
še manj tebe.

Ne verjamem v pomenljivo
besednost molka, zato se
te ne bom dotaknil ne z
besedo ne s pogledom.

Ne: lahko pa sta molčeča
pogleda vzporednici,
ki sta se in se bosta
dotaknili tam nekje

v neskončnosti, katere rob
zaznavava samo zato,
ker je brez naju
ne bi bilo.

Z dotakljivostjo pred seboj
in dotaknjenostjo za sabo
lahko edino ukrotiva
svoj neulovljivi zdaj.

GERN WÜRDE ICH MIT DIR, nicht zu lange,
wär's möglich,
wenn es nach und nach sich ergibt,
schweigen.

Würde nicht fragen nach deiner Narbe
(das hieße die Zweiheit zerstören),
nicht mich selber und
schon gar nicht dich.

Ich glaube nicht an die
Beredsamkeit des Schweigens,
und so werde ich dich weder mit
einem Wort noch mit einem Blick anrühren.

Nein. Dafür aber unser schweigendes
Blickpaar als mögliche Parallelen,
welche einander berührt haben und
berühren werden dort irgendwo

in der Unendlichkeit, deren Saum
wahrnehmbar nur deshalb,
weil es sie ohne uns zwei
nicht gäbe.

Nur mit der Berührbarkeit im voraus
und der Berührtheit im nachhinein
kann es erhascht werden,
unser beider unerjagbares Jetzt.

Ati, povej končno, ali me sploh poslušaš

Očetov hrbet štrli kvišku pod rjuhami,
živi ščit proti soncu, ki vztrajno vzhaja.
Brnenje njegovega brivnika skozi zid:
vsako jutro prvi šum, ki zleze pod veke.

Nikoli se nisva prav preveč pogovarjala,
niti drug mimo drugega nisva govorila.
Čeprav nikoli nisem pel z njim, sem
vedno pel zanj. Najbrž me je slišal.

Še vedno čakam, da pove, ali je. Da je.

Ati, sag endlich, ob du mich überhaupt hörst

Der Vaterrücken ragt auf unter den Bettüchern,
lebender Schild gegen die Sonne, die beständig höher steigt.
Das Gebrumm seines Rasierers durch die Wand: allmorgendlich
der erste Laut, der sich einschleicht unter die Lider.

Nie haben wir zwei uns viel ausgesprochen,
aber auch nicht aneinander vorbeigeredet.
Zwar hab ich nie mit ihm gesungen, aber immer gesungen
hab ich hin zu ihm. Wahrscheinlich hat er mich gehört.

Immer noch warte ich, daß er sagt, ob ja. Daß ja.

Gustav Januš

für F. H.

DER STURMWIND hat
mir die Linde entwurzelt.
Es schmerzt.
Doch die Erinnerung
an die Lindenblüte
vergangener Sommer tröstet.
Auch das Wort:
verdichtet, zeitlos,
öffnet Wege, die über
den Tagesrand der Heimat
in die Nähe
des Verborgenen führen:
»vom Stall zur Schnellstraße,
vom Treibholz im Fluß
zu übermüdeten Augen,
von sinnlicher Spannung
im starren Blick,
zum Märchenende.«
Im Tagebuch ein
zerfallenes Lindenblatt.
Das verstreute Wort
Richtschnur der Dauer.

(2019)

Dominik Srienc
Nachwort

Fabjan Hafner (1966-2016) ragt in seiner Vielfältigkeit und Intensität heraus: als zweisprachiger Lyriker, Übersetzer, Literaturwissenschafter, als Mittler und Vermittler zwischen den slowenischen und deutschsprachigen Literaturen.
Dieses zweisprachige Buch enthält bislang unübersetzte slowenische Gedichte von Fabjan Hafner, übersetzt von Peter Handke. Handke hat sich als Übersetzer aus dem Slowenischen bisher auf Literatur aus Kärnten beschränkt, auf die beiden »exemplarischen Schriftsteller«, den Epiker Florjan Lipuš und den Lyriker Gustav Januš. Nun tritt zu diesen beiden ein Dritter hinzu – Fabjan Hafner. Hafner war ein Handke-Kenner, in seinem wissenschaftlichen Standardwerk *Peter Handke. Unterwegs ins Neunte Land* hat er den Themenkreis rund um das Slowenische als Konstante in Handkes Schreiben, wie kein anderer, erläutert und positioniert. Es ist bezeichnend, dass der letzte, von Fabjan Hafner mitherausgegebene und posthum erschienene Sammelband … *übersetzt von Peter Handke* betitelt ist. Ins Deutsche übersetzt von Peter Handke sind nun Fabjans *Erste und letzte Gedichte*, eine Auswahl an Texten, die sowohl für die frühe als auch späte Schaffensperiode Fabjan Hafners repräsentativ ist.
Hafners Poeme fügen sich in einen mindestens österreichischen und slowenischen Kontext. Fabjan Hafner war ein genuin zwei- oder mehrsprachiger Lyriker. Er verstand sich als Teil des literarischen Lebens in Österreich, und er bekundete mehrmals, er schreibe »österreichische Literatur in slowenischer Sprache«. Hafner schrieb und publizierte seine Gedichte nicht nur auf Slowenisch und Deutsch, sondern er übersetzte seine Gedichte selbst in beide Richtungen, aus dem Deutschen ins Slowenische und umgekehrt.

War die slowenische Minderheit in Kärnten, dem südlichsten Bundesland Österreichs, und ihre Literatur in der Zeit des Nationalsozialismus durch Verfolgungen und Deportationen an den »Rand des Verstummens« und zum »Überwintern im Widerstand« gebracht, stand mit der Zeit nach 1945 für die Kärntner Slowenen ein volksbildnerisches Literaturprogramm an, vermittelt durch einen »literarisch ambitionierten Klerus« (Strutz). 1960 beginnt mit der Gründung der Zeitschrift *mladje* (auf Deutsch Jungholz, Nachwuchs) für die Literatur eine neue Zeitrechnung. Die Literatur wird umfassenderen Fragen ausgesetzt, *mladje* strebt nach gesellschaftlicher und literarischer Emanzipation und wird zum »Synonym für die moderne Kärntner slowenische Literatur« (Strutz). Sie setzt Impulse zu deren überregionaler Vermittlung und wird ähnlich wie die 1960 von Alfred Kolleritsch begründete Zeitschrift *manuskripte* ein autonomes Forum für junge, avancierte Literatur. Zur jüngeren Generation rund um Jani Oswald, Maja Haderlap und Cvetka Lipuš u.a. stößt 1982 Fabjan Hafner hinzu. Die Zeitschrift und ihre Autoren schufen die Voraussetzungen für die Kärntner slowenische Literatur, die seit den 1960er Jahren zusehends an Vielfalt ästhetischer Positionen gewonnen hat. Tatsache ist ferner, dass die Literatur der Kärntner Slowenen insbesondere nach 1991 zweisprachig ist, slowenisch und deutsch. Das Schreiben von Kärntner Slowenen der Gegenwart ist deutlich sichtbarer geworden und erfährt eine breite Resonanz sowohl im slowenischsprachigen als auch im deutschsprachigen Raum. Vielleicht hat niemand das Gemeinsame und das Trennende, die Kontinuitäten und Diskontinuitäten in den Kultur- und Sprachzusammenhängen dieses »überregionalen literarischen Interaktionsraums« (Leben) so aufmerksam wahrgenommen wie Fabjan Hafner.

Fabjan Hafner wird am 8. Juni 1966 in Klagenfurt geboren; am Tag, an dem Handkes *Publikumsbeschimpfung* uraufgeführt wurde. Er wächst als ältester von drei Brüdern, Fabjan, Leo, Stefan, im südlichen Kärnten auf: in Feistritz im Rosental / Bistrica v Rožu. Sein Großvater lernte nie richtig Deutsch, weil er das Deutsche im damals überwiegend slowenischsprachigen Gebiet nicht brauchte. Sein Vater Markus war Schneidermeister und Gewerbelehrer, seine Mutter Margarethe war Schneiderin. Mit seinem jüngeren Bruder Stefan, dem Drehbuchautor, teilte Fabjan seine künstlerischen Neigungen. Mit kleineren Umwegen über Graz und Ljubljana ist Fabjan Hafner in der Gegend seiner Kindheit geblieben. Er heiratet 1992 die Übersetzerin und Dolmetscherin Zdenka Čelan und wird Vater zweier Töchter, Tasja und Anja.

Die Sprache seiner Bildung sei das Deutsche gewesen, so Hafner, der ein ambivalentes Verhältnis zu seiner eigenen »doppelten Halbsprachigkeit« unterhielt. »Zweisprachigkeit« verstand er als »Diglossie, für ein Nebeneinander zweier Sprachen, die einander nicht selten auch im Weg stehen«. Er wollte ein Mittler in die »babylonische Sprachvielfalt« sein. Schon als Vierzehnjähriger reicht Hafner eigene Texte, zunächst in deutscher, dann in slowenischer Sprache, an Zeitschriften und Zeitungen ein. 1983 schreibt er als Mitherausgeber der literarischen Anthologie *Besede Wörter*, damals noch als Fabian Hafner mit i statt j: »Aber wie sehr ich mich auch bemühe, ich entkomme meinen Händen, meinem Zugriff nicht. Ich kann nicht unerkannt aus mir fliehen, und phantastisch fortflattern über die Köpfe der gaffenden Giraffen hinweg.« Im selben Jahr erscheinen Hafners erste Gedichte in der Literaturzeitschrift *mladje*, denen weitere in slowenischen und österreichischen Zeitschriften folgen.

Fabjan Hafner war ein brillanter, mindestens zweisprachiger Übersetzer. Übersetzen war für Hafner die »alternative Form des Zwischendaseins« (Prunč). Ab Oktober 1984 studiert Hafner Slowenisch und Deutsche Philologie in Graz. Im Übersetzungswissenschafter und Autor Erich Prunč findet Hafner früh einen Lehrer und Mentor. Auslöser seiner Arbeit als Übersetzer, Schriftsteller und später auch als Literaturwissenschafter sind zwei zentrale Erlebnisse: die Begegnung mit Peter Handke und Gustav Januš. Als Peter Handke 1981 in Klagenfurt, bei der Präsentation des *Zöglings Tjaž* von Florjan Lipuš, auch drei von Hafner übersetzte Gedichte von Gustav Januš vorträgt, kommt es im Anschluss an die Lesung zur ersten Begegnung mit Januš und Handke. Beide werden in der Folge Hafners Werdegang begleiten. Hafner schließt sein Studium mit einer Diplomarbeit über Gustav Januš' Dichtung ab. 1985 gibt er gemeinsam mit der Lyrikerin Cvetka Lipuš die zweisprachige Lyrik-Anthologie *V lunini senci* (Im Mondschatten) heraus, die Hafners frühe Gedichte enthält. Ende der 1980er Jahre ist Fabjan Hafner mit zahlreichen Lyrikpublikationen und Übersetzungsarbeiten kein Unbekannter mehr. Er setzt einen fulminanten Anfang als Übersetzer von Florjan Lipuš und der beiden slowenischen Lyriker Dane Zajc und Tomaž Šalamun. Zu diesen in Hafners Übersetzungswerk zentralen Autoren kommen zahlreiche weitere hinzu, von Klassikern der Moderne bis zur jüngeren Generation, AutorInnen wie Aleš Debeljak, Maruša Krese, Uroš Zupan, Maja Vidmar u. a., denen Hafner in den nächsten Jahrzehnten zu Übersetzungen in Buchform oder zu Veröffentlichungen in Literaturzeitschriften verhelfen sollte. Die Enge des slowenischen Raums verlassend, widmet sich Fabjan Hafner in seinen Übersetzungen auch der kroatischen und serbischen Literatur.

Von Hafners ungebrochener Faszination für das Handwerk des literarischen Übersetzens zeugen rund 30 Übersetzungen in Buchform und mehr als 130 publizierte Übersetzungen in internationalen Literaturzeitschriften. Seine eigenen Gedichte wurden ins Französische, Englische, Italienische, Tschechische, Portugiesische und Serbokroatische übersetzt. Für sein übersetzerisches Œuvre erhielt Hafner zahlreiche Preise, darunter 1990 den Petrarca-Preis, 2006 den Großen Österreichischen Staatspreis für literarische Übersetzung, 2007 mit Tomaž Šalamun den Preis für europäische Poesie der Stadt Münster. 2014 wurde er vom slowenischen Übersetzerverband mit dem Lavrin-Preis ausgezeichnet. Von 1990 bis 2007 war Hafner Lehrbeauftragter am Institut für Theoretische und Angewandte Translationswissenschaft der Universität Graz. Zwischen 1992 und 1997 arbeitete er als Lektor am Institut

für Germanistik der Universität Ljubljana. Ab 1998 war er wissenschaftlicher Mitarbeiter des Musil-Instituts / Kärntner Literaturarchivs an der Alpen-Adria-Universität Klagenfurt. 2017 wurde erstmals ein »Fabjan Hafner Preis« vergeben, ein deutsch-slowenischer Übersetzerpreis.
Hafner verstand es, die philologische Prägung durch das Übersetzen als »Zwiesprache« und als Experimentierraum für seine eigene Lyrik zu nutzen. Seine Selbstübersetzungen, ob aus dem Slowenischen ins Deutsche oder umgekehrt, sind freie Fort- und Umschreibungen des eigenen Materials. Seine frühe Lyrik weist in die spätere schon voraus. Das lyrische Subjekt gibt sich in Hafners poetischer Sprechsituation oft in zweiter oder dritter Person zu erkennen, als lyrisches »Du« oder »Wir«. Diese poetische Strategie ist Selbstvergewisserung und Vergegenwärtigung zugleich. Die Äußerungen des lyrischen Subjekts erscheinen dadurch unmittelbar, als spielten sich Schreiben, Übersetzen, Erleben, Denken gleichzeitig ab.
Eine emphatische Fixierung auf Phänomene des Akustischen – Musik wird zum Leitmedium des Hafner'schen Schreibens – ist in den frühen Texten schon anzutreffen. Die Poeme sind geprägt durch Differenzierungen in der Sprache und in den Sprachen, durch Auslotung von Möglichkeiten, von der Lust am frivolen Wortspiel sowie dem produktiven Bezweifeln ihrer Wertigkeit. Neben traditionell anmutender Lyrik steht bei Hafner eine neue Art der Poesie, in der eine thematische, poetologische und formale Erneuerung erkennbar ist. Formal ist die frühe Lyrik meist reimlos, eher reduziert auf kleinere, freie Vers- und Strophenformen. Die Formen sind in ihrem visuellen Erscheinungsbild experimentell und rhythmisieren die Gedichte untergründig. Anfangs überwiegen kleine Formen, längere Prosagedichte entstehen später. Zeilen- und Verssprünge erinnern an Rilkes »Prinzip der Übergänglichkeit« (Müller). Die Poeme der 1980er Jahre sind keinesfalls juvenil. Sie verpflichten sich formal wie semantisch der »Poesie der Postavantgarde mit ausgeprägten Elementen des

Experiments« (Poniž), ohne jedoch Gesetzmäßigkeiten zu unterliegen, sondern im Gegenteil, um diese zu unterlaufen.

Hafners lyrisches Werk umfasst insgesamt drei zu Lebzeiten publizierte Gedichtbände: *Indigo* (Drava, 1988), *Gelichter + Lichtes (Droschl, 1991)* und *Freisprechanlage. Brezročno govorjenje. Vivavoce* (Drava, 2001).

Schreiben und Übersetzen sind hermeneutische Vorgänge, die sich im 1988 erschienenen *Indigo* selbst subvertieren, ob als umverwandelnde Komposition lyrischer Ober- und Untertöne, als dekonstruierendes Sprachspiel mit Klangfarben und Mehrdeutigkeiten oder als Modulationen des lyrischen Ich. Auf diesen Zwischenraum verweist das Mottogedicht »Pisanje poezije / je prevajanje / iz jezika, / ki ga / ni« (»Gedichte schreiben: aus einer Sprache übersetzen, die es nicht gibt«, Ü. Fabjan Hafner). Dies legt auch einen Umkehrschluss nahe: Was bei Hafner Poesie ist, ist zugleich Übersetzung, die Trennung zweier Diskurse ist aufgehoben. Im Anschluss an den 1991 erschienenen deutschsprachigen Lyrikband *Gelichter + Lichtes* bezeichnete der österreichische Schriftsteller Alois Brandstetter Fabjan Hafner als den »nüchternsten« und »präzisesten« unter den jungen slowenischen Autoren oder deutsch schreibenden Slowenen. Hafner verwarf seine bis dahin entstandenen Gedichte nicht, sondern ließ diese in überarbeiteten Fassungen auch in die weiteren Buch- und Zeitschriftenpublikationen eingehen, was die Kontinuität seines lyrischen Schaffens im Werkganzen unterstreicht. Doch überall dort, wo eindeutige Zuschreibungen erhofft werden, legen sich Hafners Poeme quer. Sie sind Zeugen »rätselhaft bohrender Fragen« nach »Sinnaufbrechung und ständiger Sinnbefragung« des Wortmaterials« (Kucher). Mit der 2001 erschienenen dreisprachigen Gedichtsammlung *Freisprechanlage. Brezročno govorjenje. Vivavoce* positioniert sich Hafner in die unmittelbare mehrsprachige, überregionale Gegenwart des literarischen Alpen-Adria-Raumes mit ihrem prägenden Dispositiv der »verdrängten Mehrsprachigkeit der Region« (Strutz). Mit dieser letzten Gedichtsammlung ist Fabjan

Hafners Schreiben jedoch nicht versiegt, er publiziert weiterhin in Literaturzeitschriften und zahlreichen Anthologien. Im Jahr 2000 gründet er gemeinsam mit zwei weiteren Kärntner Slowenen, dem Gitarristen Janez Gregorič und dem bildenden Künstler Rudi Benetik, das Festival *TRIVIUM – tri poti – drei wege*. Für sein Schaffen als Autor erhielt Hafner mehrere bedeutende Preise, unter anderem den Literaturförderungspreis des Forums Stadtpark (1989), den Literaturförderungspreis der Stadt Graz (1991) und den Rotahorn-Literaturpreis (2014).

Übersetzen ist für Hafner auch ein »Lesen, Vor-, Mit- und Nachlesen, immer wieder«. Zu seinen Arbeitsschwerpunkten als Literaturwissenschafter zählen Österreichische Literatur nach 1945 ebenso wie Lyrik und Editionsphilologie. Er gab die Werke Christine Lavants mit heraus und setzte sich für den Werdegang jüngerer AutorInnen ein. Hafner war in zahlreichen Gremien und literarischen Jurys tätig.

Mit Fabjan Hafner assoziierte, von außen herangetragene Zuschreibungen wie »Universalgelehrter«, »hybrides Wesen«, »guter Geist der Vermittlung« sind berechtigt und zugleich irreführend. Sie vermögen sein Schreiben, das sowohl von der Medien- und Popkultur (Bob Dylan!) als auch von Bildender Kunst (Maria Lassnig!) beflügelt ist, nur oberflächlich zu benennen. In einem 2001 geführten Interview mit dem slowenischen Lyriker Uroš Zupan erklärt Hafner, dass sich die Erfahrung dessen, was er später als seine Poesie zu begreifen vermochte, aus der sonntäglichen Messe, der Popmusik, dem Fernsehen und der Lektüre zahlreicher Bücher speiste.

In seinem Haus in Feistritz im Rosental erweist sich die Werkstatt des Dichters als zentraler Imaginationsraum der Literatur. Fabjan Hafner war ein »Sammler« in der slawischen Wortbedeutung des Wortes »sammeln«, ein Sammeln, das zugleich auch ein Lesen, ein Zusammenlesen ist. In der mehrere Räume des Hauses füllenden Bibliothek und Musiksammlung dieses Lesers und Hörers stechen mehrere Regale und Ständer mit CDs und Büchern von und zu

Bob Dylan ins Auge – Hafner galt als ausgewiesener Kenner dieses Werks. Der Blick bleibt überall hängen, Frank Zappa steht neben Glenn Gould, Beethoven neben Jacques Brel, Goethe über den Beatles, Uwe Johnson neben Samuel Beckett, Ernst Jandl neben Karl May oder Van Morrison über Robert Musil und Friederike Mayröcker.

Hafners Gedichte sind so widerständig wie subversiv – und sie bleiben es über seinen Tod am 10. Mai 2016 hinaus. Ob im slowenischen Original oder in Handkes Übersetzung, die Gedichte laden dazu ein, sich ihnen anzunähern, ihnen erstmals oder von neuem zu begegnen: »Mit der Berührbarkeit im voraus / und der Berührtheit im nachhinein: / einzig so kann es erhascht werden, / unser beider unerjagbares Jetzt«.

Literatur

Kucher, Primus-Heinz, »Versuch über Fabjan Hafners *Freisprechanlage*«, in: Fabjan Hafner, *Freisprechanlage. Brezročno govorjenje. Vivavoce*, Klagenfurt/Celovec: Drava 2001, S. 85-89.

Leben, Andreas, »Zum Modell und Begriffsfeld des überregionalen literarischen Interaktionsraums (ausgehend von der Literatur der Kärntner Slowen_innen)«, in: *Literarische Mehrsprachigkeit im österreichischen und slowenischen Kontext*, hg. von Andreas Leben und Alenka Koron, Tübingen: Narr Francke Attempto Verlag 2019, S. 63-77.

Müller, Wolfgang G., »Die Sprache der Lyrik«, in: *Handbuch Lyrik*, hg. von Dieter Lamping, Stuttgart: J.B. Metzler 2016, S. 84-92.

Prunč, Erich, »Laudatio auf Fabjan Hafner«, in: *Manuskripte* 177/2007, S. 140-143.

Strutz, Johann, »Eine ›kleine‹ Literatur. Zur Soziologie und Ästhetik der neueren slowenischen Literatur in Kärnten«, in: *Profile der neueren slowenischen Literatur in Kärnten*, hg. von Johann Strutz, Klagenfurt/Celovec: Hermagoras Verlag/Mohorjeva založba 1998, S. 11-32.

Quellenhinweise und Erstabdrucke der Gedichte

»otrple postave smo«, in: *koroško mladje* 48 (1982), S. 6.
»živiš nezavestno«, in: *koroško mladje* 48 (1982), S. 6.
»osamelost«, in: *koroško mladje* 48 (1982), S. 7.
»Krava«, in: *koroško mladje* 52 (1983), S. 6, später in: Fabjan Hafner, *Indigo*, Klagenfurt: Drava 1988.
»groza«, in: *koroško mladje* 50 (1983), S. 11.
»ponavljanje«, in: *koroško mladje* 50 (1983), S. 11.
»pričakovanja otroških dni«, in: *koroško mladje* 48 (1982), S. 5.
»Besede«: unveröffentlichte Fassung.
»Daleč proč sem, tujec«: unveröffentlichte Fassung.
»Sama je«, in: *koroško mladje* 50 (1983), S. 13.
»Nisem podgana«, in: *koroško mladje* 52 (1983), S. 6.
»›Če ne bi ropal, bi bil ubog‹«, in: *koroško mladje* 52 (1984), S. 7.
»Prepovedal si bom pisanje«, in: *koroško mladje* 52 (1983), S. 7.
»temno je«, in: *koroško mladje* 49 (1983), S. 17.
»Sneg je črn od noči«, in: *koroško mladje* 66 (1987), S. 7.
»Prijazni ljudje bodo hodili«, in: *koroško mladje* 66 (1987), S. 6.
»dva vidika«, in: *koroško mladje* 50 (1983), S. 12.
»Pozabljati, pozabljati«, in: *koroško mladje* 64 (1987), S. 13.
»Suženj gospod«, in: *Koroški koledar 1987*, Klagenfurt: Drava 1987.
»jutro–pomlad«; »opoldan–poletje«; »večer–jesen«; »noč–zima«, in: *Iz skrivnih predalov.* (Aus Geheimfächern) Aus dem Literaturwettbewerb zum 130-jährigen Bestehen der Hermagorasbruderschaft in Klagenfurt/Celovec, Auswahl Vincenc Gotthardt, Klagenfurt/Celovec: Hermagoras/Mohorjeva 1984, S. 22-26.
»Brez konca konec«, in: *koroško mladje* 55 (1984), S. 7.
»Dies illa«, in: *koroško mladje* 66 (1987), S. 5.
»duša me boli«: unveröffentlicht.
»Četrta zapoved«: Erstveröffentlichung nicht bekannt.
»Do tri. Tja«, in: Hafner, Fabjan & Gregorič, Janez (Hg.), *TRIVIUM – tri poti – drei wege 2000-2014*. Klagenfurt: Mohorjeva/Hermagoras 2015, S. 118.

»Med letnima časoma«: Erstveröffentlichung nicht bekannt.

»Nedeljska pesem«: Erstveröffentlichung nicht bekannt.

»Ljubljana«, in: Šteger, Aleš (Hg.), *Lj kot ljubezen. Pesmi o Ljubljani*, Ljubljana: Študentska založba 2010.

»Rad bi s teboj«, in: *Rastje* 10 (2016), S. 17.

»Ati, povej končno«, in: *Rastje* 10 (2016), S. 20.

Inhalt

Bibliothek Suhrkamp
Verzeichnis der letzten Nummern

1302 Claude Simon, Die Akazie
1303 Hans Blumenberg, Begriffe in Geschichten
1304 Friederike Mayröcker, Benachbarte Metalle
1305 S.Yishar, Ein arabisches Dorf
1306 Paul Valéry, Leonardo da Vinci
1308 Octavio Paz, Im Lichte Indiens
1309 Gertrud Kolmar, Welten
1310 Alberto Savinio, Tragödie der Kindheit
1311 Zbigniew Herbert, Opfer der Könige
1314 Augusto Roa Bastos, Die Nacht des Admirals
1315 Frank Wedekind, Lulu – Die Büchse der Pandora
1316 Jorge Ibargüengoitia, Abendstunden in der Provinz
1317 Marina Zwetajewa, Ein Abend nicht von dieser Welt
1318 Hans Henny Jahnn, Die Nacht aus Blei
1319 Julio Cortázar, Andrés Favas Tagebuch
1320 Thomas Bernhard, Das Kalkwerk
1321 Marcel Proust, Combray
1322 Ludwig Wittgenstein, Logisch-philosophische Abhandlung
1323 Hermann Lenz, Spiegelhütte
1325 Sigrid Undset, Das glückliche Alter
1326 Botho Strauß, Gedankenfluchten
1328 Paul Nizon, Untertauchen
1330 Sherwood Anderson, Winesburg, Ohio
1331 Derrida / Montaigne, Über die Freundschaft
1332 Günter Grass, Katz und Maus
1333 Gert Ledig, Die Stalinorgel
1335 Heiner Müller, Ende der Handschrift
1337 Konstantinos Kavafis, Gefärbtes Glas
1338 Wolfgang Koeppen, Die Jawang-Gesellschaft
1339 Jorge Semprun, Die Ohnmacht
1341 Hermann Hesse, Der Zauberer
1342 Hermann Broch, Hofmannsthal und seine Zeit
1343 Bertolt Brecht, Kalendergeschichten
1344 Odysseas Elytis, Oxópetra / Westlich der Trauer
1345 Hermann Hesse, Peter Camenzind
1346 Franz Kafka, Strafen
1347 Amos Oz, Sumchi
1348 Stefan Zweig, Schachnovelle
1349 Ivo Andrić, Der verdammte Hof
1350 Rudolf Borchardts Leben von ihm selbst erzählt
1351 André Breton, Nadja
1352 Ted Hughes, Etwas muß bleiben
1353 Arno Schmidt, Das steinerne Herz
1354 José María Arguedas, Diamanten und Feuersteine
1355 Thomas Brasch, Vor den Vätern sterben die Söhne
1356 Federico García Lorca, Zigeunerromanzen

1357 Imre Kertész, Der Spurensucher
1358 István Örkény, Minutennovellen
1360 Giorgio Agamben, Idee der Prosa
1361 Alfredo Bryce Echenique, Ein Frosch in der Wüste
1363 Ted Hughes, Birthday Letters
1364 Ralf Rothmann, Stier
1365 Arno Schmidt, Seelandschaft mit Pocahontas
1366 Bertolt Brecht, Geschichten vom Herrn Keuner
1367 M. Blecher, Aus der unmittelbaren Unwirklichkeit
1368 Joseph Conrad, Ein Lächeln des Glücks
1369 Christoph Hein, Der Ort. Das Jahrhundert
1370 Gertrud Kolmar, Die jüdische Mutter
1371 Hermann Lenz, Vielleicht lebst du weiter im Stein
1372 Ludwig Wittgenstein, Philosophische Untersuchungen
1373 Thomas Brasch, Der schöne 27. September
1374 Péter Esterházy, Die Hilfsverben des Herzens
1375 Stanislaus Joyce, Meines Bruders Hüter
1376 Yasunari Kawabata, Schneeland
1377 Heiner Müller, Germania
1378 Du kamst, Vogel, Herz, im Flug; Spanische Lyrik
1379 Giorgio Agamben, Kindheit und Geschichte
1380 Louis Begley, Lügen in Zeiten des Krieges
1381 Alejo Carpentier, Das Reich von dieser Welt
1382 Nagib Machfus, Das Hausboot am Nil
1383 Guillermo Rosales, Boarding Home
1384 Siegfried Unseld, Briefe an die Autoren
1385 Theodor W. Adorno, Traumprotokolle
1386 Rudolf Borchardt, Jamben
1387 Günter Grass, »Wir leben im Ei«
1388 Palinurus, Das ruhelose Grab
1389 Hans-Ulrich Treichel, Der Felsen, an dem ich hänge
1390 Edward Upward, Reise an die Grenze
1391 Adonis und Dimitri T. Analis, Unter dem Licht der Zeit
1392 Samuel Beckett, Trötentöne/Mirlitonnades
1393 Federico García Lorca, Dichter in New York
1394 Durs Grünbein, Der Misanthrop auf Capri
1395 Ko Un, Die Sterne über dem Land der Väter
1396 Wisława Szymborska, Der Augenblick/Chwila
1397 Brigitte Kronauer, Frau Melanie, Frau Martha und Frau Gertrud
1398 Idea Vilariño, An Liebe
1399 M. Blecher, Vernarbte Herzen
1401 Gert Jonke, Schule der Geläufigkeit
1402 Heiner Müller / Sophokles, Philoktet
1403 Giorgos Seferis, Ionische Reise
1404 Christa Wolf, Nachdenken über Christa T.
1405 Günther Anders, Tagesnotizen
1406 Roberto Arlt, Das böse Spielzeug
1407 Hermann Hesse / Stefan Zweig, Briefwechsel
1408 Franz Kafka, Die Zürauer Aphorismen
1409 Saadat Hassan Manto, Schwarze Notizen

1410 Arno Schmidt, Die Gelehrtenrepublik
1411 Bruno Bayen, Die Verärgerten
1412 Marcel Beyer, Flughunde
1413 Thomas Brasch, Was ich mir wünsche
1414 Reto Hänny, Flug
1415 Zygmunt Haupt, Vorhut
1416 Gerhard Meier, Toteninsel
1417 Gerhard Meier, Borodino
1418 Gerhard Meier, Die Ballade vom Schneien
1419 Raymond Queneau, Stilübungen
1420 Jürgen Becker, Dorfrand mit Tankstelle
1421 Peter Handke, Noch einmal für Thukydides
1422 Georges Hyvernaud, Der Viehwaggon
1423 Dezső Kosztolányi, Lerche
1424 Josep Pla, Das graue Heft
1425 Ernst Wiechert, Der Totenwald
1427 Leonora Carrington, Das Haus der Angst
1428 Rainald Goetz, Irre
1429 A. F. Th. van der Heijden, Treibsand urbar machen
1430 Helmut Heißenbüttel, Über Benjamin
1431 Henri Thomas, Das Vorgebirge
1432 Arno Schmidt, Traumflausn
1433 Walter Benjamin, Träume
1434 M. Blecher, Beleuchtete Höhle
1435 Edmundo Desnoes, Erinnerungen an die Unterentwicklung
1436 Nazim Hikmet, Die Romantiker
1437 Pierre Michon, Rimbaud der Sohn
1438 Franz Tumler, Der Mantel
1439 Munyol Yi, Der Dichter
1440 Ralf Rothmann, Milch und Kohle
1441 Djuna Barnes, Nachtgewächs
1442 Isaiah Berlin, Der Igel und der Fuchs
1443 Frisch, Skizze eines Unglücks / Johnson, Skizze eines Verunglückten
1444 Alfred Kubin, Die andere Seite
1445 Heiner Müller, Traumtexte
1446 Jannis Ritsos, Monovassiá
1447 Volker Braun, Der Stoff zum Leben 1-4
1448 Roland Barthes, Die helle Kammer
1449 Siegfried Kracauer, Straßen in Berlin und anderswo
1450 Hermann Lenz, Neue Zeit
1451 Siegfried Unseld, Reiseberichte
1452 Samuel Beckett, Disjecta
1453 Thomas Bernhard, An der Baumgrenze
1454 Hans Blumenberg, Löwen
1455 Gershom Scholem, Die Geheimnisse der Schöpfung
1456 Georges Hyvernaud, Haut und Knochen
1457 Gabriel Josipovici, Moo Pak
1458 Ernst Meister, Gedichte
1459 Meret Oppenheim, Träume Aufzeichnungen
1460 Alexander Kluge, Gerhard Richter, Dezember

1461 Paul Celan, Gedichte
1462 Felix Hartlaub, Kriegsaufzeichnungen aus Paris
1463 Pierre Michon, Die Grande Beune
1464 Marie NDiaye, Mein Herz in der Enge
1465 Nadeschda Mandelstam, Anna Achmatowa
1467 Robert Walser, Mikrogramme
1468 James Joyce, Geschichten von Shem und Shaun
1469 Hans Blumenberg, Quellen, Ströme, Eisberge
1470 Florjan Lipuš, Boštjans Flug
1471 Shahrnush Parsipur, Frauen ohne Männer
1472 John Cage, Empty Mind
1473 Felix Hartlaub, Italienische Reise
1474 Pierre Michon, Die Elf
1475 Pierre Michon, Leben der kleinen Toten
1476 Kito Lorenc, Gedichte
1477 Alexander Kluge/Gerhard Richter, Nachricht von ruhigen Momenten
1478 E.M. Cioran, Leidenschaftlicher Leitfaden II
1479 Christa Wolf, Kein Ort. Nirgends
1480 Renata Adler, Rennboot
1481 Julio Cortázar/Carol Dunlop, Die Autonauten auf der Kosmobahn
1482 Lidia Ginsburg, Aufzeichnungen eines Blockademenschen
1483 Ludwig Hohl, Die Notizen
1484 Ludwig Hohl, Bergfahrt
1485 Ludwig Hohl, Nuancen und Details
1486 Ludwig Hohl, Vom Erreichbaren und vom Unerreichbaren
1487 Ludwig Hohl, Nächtlicher Weg
1488 Fritz Sternberg, Der Dichter und die Ratio
1489 Felix Hartlaub, Aus Hitlers Berlin
1490 Renata Adler, Pechrabenschwarz
1491 Pierre Michon, Körper des Königs
1492 Joseph Beuys, Mysterien für alle
1493 T.S. Eliot, Vier Quartette / Four Quartets
1494 Walker Percy, Der Kinogeher
1495 Raymond Queneau, Stilübungen
1496 Charlotte Beradt, Das Dritte Reich des Traums
1497 Nescio, Werke
1498 Andrej Bitow, Georgisches Album
1499 Gerald Murnane, Die Ebenen
1501 Georg Baselitz/Alexander Kluge, Weltverändernder Zorn
1502 Annie Ernaux, Die Jahre
1503 Roberto Calasso, Die Literatur und die Götter
1504 Friederike Mayröcker, Pathos und Schwalbe
1505 Cees Nooteboom, Mönchsauge
1506 Jorge Barón Biza, Die Wüste und ihr Samen
1507 Gerald Murnane, Grenzbezirke
1508 Miron Białoszewski, Erinnerungen aus dem Warschauer Aufstand
1509 Annie Ernaux, Der Platz
1510 Sophie Calle, Das Adressbuch
1511 Szilárd Borbély, Berlin-Hamlet, Gedichte
1512 Annie Ernaux, Eine Frau